证券交易系统优化与实践

OPTIMIZATION AND PRACTICE OF SECURITIES TRADING SYSTEM

李　博　刘振亚◎编著

中国经济出版社
CHINA ECONOMIC PUBLISHING HOUSE
北　京

图书在版编目（CIP）数据

证券交易系统优化与实践/李博，刘振亚编著．--北京：中国经济出版社，2020.9（2023.7 重印）

ISBN 978-7-5136-6289-5

Ⅰ.①证… Ⅱ.①李… ②刘… Ⅲ.①证券交易-系统最优化-研究 Ⅳ.①F830.91

中国版本图书馆 CIP 数据核字（2020）第 159592 号

策划编辑　汪　京　雷　生
责任编辑　叶亲忠
责任印制　马小宾
封面设计　华子图文

出版发行　中国经济出版社
印 刷 者　北京中石油彩色印刷有限责任公司
经 销 者　各地新华书店
开　　本　710mm×1000mm　1/16
印　　张　11.25
字　　数　145 千字
版　　次　2020 年 9 月第 1 版
印　　次　2023 年 7 月第 3 次
定　　价　52.00 元
广告经营许可证　京西工商广字第 8179 号

中国经济出版社　**网址** www.economyph.com　**社址** 北京市东城区安定门外大街 58 号　**邮编** 100011
本版图书如存在印装质量问题，请与本社销售中心联系调换（联系电话：010-57512564）

前言
PREFACE

近年来，随着信息技术在证券交易中的应用和发展，量化投资的理念和程序化交易的方法逐渐进入大众的视野，越来越多的交易员和基金经理开始使用定量方法制定自己的交易系统。在交易和监管机制逐渐完善的进程中，它们必然越来越成为主流的选择。同时随着交易接口的开放和第三方交易平台的涌现，程序化交易系统已经不再是机构投资者的秘密武器，个人投资者也可以将自己的投资理念进行量化并建立自己的交易系统。

相比传统的技术分析而言，“量化投资”所使用的方法更有科学依据和更加客观，一方面它采用统计学的原理来总结投资经验，另一方面能够快速对市场做出反应，严格按照计划执行交易。在实践中，有经验的投资者常常会感到采用技术分析的投资效果非常不稳定，常用的指标换一个合约或者隔一段时间就会失效，很难找到一个有效的、可以长期使用的分析方法。究其原因，一方面是因为大部分技术分析的指标都是事后的计算结果，价格变化能不能延续之前的规律是不确定的；另一方面是大部分投资者并不能对每个合约都进行长期的数据测试，很难找到一个普适的规律。如果能够掌握一种方法对多个不同合约长期的规律进行测试，则有可能找到这种普适规律，这也是我们要研究的方向。

大规模地实施量化投资的程序化交易手段需要坚实的编程和统计学基础以及强大 IT 支持，但是在某种程度上，我们也可以通过简化一些功能来构造适合中小交易者的交易系统。而本书的编写初衷也是为他们服务的，而且本书所介绍的交易系统设计和优化方法更适合他们，因为其中很多的优化手段需要频繁开仓和平仓，这对于大资金来说并不适合。本书的目标就是帮助那些想把自己的投资理念转化成交易系统的人，教会他们如何将一个简单的交易策略逐步转化成一套稳健的交易系统。

投资者之间的差别在于——成功的投资者时常会总结经验和教训，逐步改进和完善自己的交易系统，而不够成功的投资者很少会意识到这一点。从某种意义上说，参与市场交易的每位投资者都在使用自己的交易系统。很少有投资者会随心所欲地去买卖一个合约，因为投资的成本是自己辛苦赚来的真金白银，人们不会平白无故花钱去买或者卖某种投资品，他们无论如何都会遵循自己独有的一系列原则。有时候，即使看似是一时冲动的操作也是由于具体事件的触发：这种具体事件可能是价格的突然大幅度变化，也可能是看到一条新闻，也可能是长时间积累的好感或厌恶感……这些原则有的可以转化成可以量化和回溯的规则，有的则纯粹是自身对于市场的感知。原则中的前者可以通过程序化转变成自动化的交易系统，而后者只能进行主观的交易。

一般的量化投资者在投资过程中主要做以下三方面的工作：

首先是选择证券标的。绝大部分人会选择自己熟悉的品种进行交易，因为大部分的投资者，特别是散户投资者，不可能对全部的股票和衍生品合约都了如指掌，选择自己熟悉的行业、企业是明智的选择。

其次是选择交易信号。毋庸置疑，交易本身就需要依靠合适的开平仓时机去赢得超额收益。但是实际上，并不是所有的开平仓决策依据都适合用计算机去执行，很多直觉带来的交易操作是无论如何也无法进行程序化的。因此，需要选择一种包含可以程序化的交易信号的交易策略，幸运的是很多交易前辈们已经总结出很多这样的交易策略。无论是简单的MACD金叉、布林轨道线，还是更复杂的海龟交易法、跳空交易法等，都能提供合适的开仓和平仓时机。

最后是按照资金量和风险承受能力去确定持仓的大小。有了交易信号之后，随之而来的问题就是确定交易的数量，在风险小的时候可以适当重仓，在风险大的时候需要减仓，合理的交易数量能够大幅提升投资收益。

总之，选择交易信号的产生方法和数量是交易系统的核心，可量化的交易信号的产生方法是程序化交易的关键。

本书的第一部分首先介绍有关交易系统的理论知识、设计交易系统前的准备工作和如何对一个交易系统进行评价的方法。这些内容中包含行为金融学和统计学的内容，以及大量的实践经验总结，对于交易系统新手来说至关重要。

第二部分重点介绍交易系统风险的控制方法，即如何去完善一个交易策略的开平仓规则。俗话说“会买的是徒弟，会卖的是师傅”，离场点的选择对于控制交易风险至关重要，科学合理地选择静态止损、跟踪止损和止盈阈值是交易系统能够长期盈利的基础。

第三部分介绍交易系统的稳健性测试、资金管理和投资组合管理的内容。这些内容看似复杂和烦琐，甚至包含了很多人不太喜欢的数学知识，但是它们在实际的交易中起着重要的作用：稳健性检验能够通过测试一个交易系统在不同样本下的表现来估计它在未来交易过程中的表现，资金和投资组合管理则是最大化交易系统收益风险比的有效方法。

本书还为能够使用 Matlab 进行编程的读者们提供了大量的函数代码。这些函数可以组合起来形成一个完整的交易系统回测和优化体系，希望它们能给读者们一些帮助！

总之，证券交易从来都不是一个简单的事情，屈指可数的交易和投资大神背后是无数梦碎的无名交易者。即便是这些大神的交易系统也是经历了无数的亏损之后总结出来的，因此，刚刚接触到交易系统就想要一蹴而就获得一个稳赚不赔的交易系统简直是天方夜谭。只有通过长期的历练、及时的总结，并掌握一套科学的研究方法，才可能从众多投资者中脱颖而出成为市场中的赢家。

目 录
CONTENTS

第三部分　交易系统优化进阶

第一部分

交易系统基础

第一章 交易系统概述

第一节 什么是交易系统

交易系统的概念包含了多重含义。广义的交易系统包含了交易中需要调动的所有软件和硬件资源，它能够在没有任何人工干预的情况下自动做出当前是否进入、退出市场的判断，并执行相关的交易指令。而狭义的交易系统则是开平仓逻辑、资金管理和投资组合管理等交易过程中需要遵循的规则。

由于不同投资者之间的硬件条件差异很大，有的人用工作站或者托管服务器进行交易，而有的人则用手机进行交易，他们之间对于交易细节的需求是不一样的，所以本书不去探讨如何优化交易速度、成功率和拆分交易订单等细节，而是重点关注如何将一个简单的交易逻辑转化为一系列可行的交易规则，这些方法对于所有交易者来说是非常宝贵的。

通过使用这些方法，即使是通过最简单的交易软件也能够实现量化投资的效果，因为组成交易系统的条件都是精确设定好的，例如"在持仓收益大于10万时平仓""在股价低于10元时买入10手"等。这些有确定数量和方向的交易指令保证了交易系统的可回测性，从而使我们可以使用统计的方法计算出在一定的置信度下，该交易系统在未来将如何表现。

本书中所说的“资金管理规则”并不是通常所说的“风险管理”。风险管理是指在不同的市场风险度量下对仓位进行调整的规则，例如在某个价格设置止损或止盈，又或是在股价偏离均线超过一定比例时减仓等，本书将这些风险管理的规则纳入交易规则的范畴中。而本书的“资金管理规则”则讨论的是在不同的净值区间内如何调整持仓的数量，例如盈利超过 1 手合约所需保证金的 150%时才能额外增加 1 手的持仓等。如果我们构建的投资组合中包含多个不相关资产时，“资金管理”也可以被称为“投资组合管理”，此时，最大化风险平价收益是资金管理的重中之重。

在实际开发和实现交易系统的过程中，我们需要使用软件并辅以一定的编程工作使其能自动模拟在市场中的交易。因此我们需要区分“交易系统”（或“算法交易”）与“自动化交易”二者的区别。从逻辑关系上看，前者是后者存在的基础：我们可以通过计算机产生交易信号但手动进行交易，但无法让计算机在不设定规则的情况下自动进行交易。而对交易系统的使用者们来说，最大的关注点应该是如何（通过一定的规则计算而不是靠自己的想象）产生交易信号，因为在交易中的其他工作都可以通过交易软件来完成。

下面是一个固定持仓数量交易系统的简单例子：

如果当前价格>最近 20 天的最高价，以该价格买入两份合约；

如果当前价格<最近 20 天的最低价，以该价格卖空两份合约；

持有多仓且当前价格<上一收盘价−2 倍近 20 个交易日收盘价的标准差，则市价平仓；

持有空仓且当前价格>上一收盘价+2 倍近 20 个交易日收盘价的标准差，则市价平仓。

在这个例子中，我们可以看到它具有进入和退出市场的条件，同时还考虑了多空两个方向。虽然它的退出条件单一，没有考虑止损、止盈等其他退出条件，但已经符合一个完整交易系统的条件，能够帮助初学者直观地理解什么是交易系统。

需要注意的是，如果一个交易者仅仅有一套预先设定的进入和退出市场的交易规则，而并没有经过测试和检验并得出到底应该何时退出和进入市场的最终结论的话，那这只能称之为“交易思想”，而不能称之为“交易系统”。只有假设市场中产生的交易信号能够得以实现，即在得到所有的买入信号后都能够顺利按照目标价格买入，在得到所有的卖出信号后都能够顺利按照目标价格卖出，并对这些交易方法在过去的表现做出详细研究、辅以必要的统计测试以后，才能称之为“交易系统”。相比之下，“交易思想”则显得有更多的主观判断和直觉的因素，未必能够真正实现。正因为交易系统更加精确与科学，且其经过了严格的检验，越来越多的投资者逐渐从“交易思想”转到了“交易系统”的探究和使用上。

不过大众也一直对交易系统存在误解：人们似乎理所当然地认为，一个好的交易系统必须有一系列烦琐的规则、庞大复杂的程序，并充满复杂的公式和算法。虽然这很可能让这个交易系统卖出一个更好的价钱，但这些繁复的规则和算法带来的或许是灾难——因为过于负责的规则背后隐藏着过度拟合的风险。

事实上，一些常用的技术分析（Technical Analysis）或画图（Charting）的方法和指标在实际应用时都能得到不错的效果，一方面因为这些指标有比较强的预测能力，另一方面也可能因为大部分人的交易都会遵循这些指标以往的规律。类似通道突破、移动平均线等技术分析的逻辑在应用时并不会像大家所想的那样会降低策略的盈利概率，而是会提高盈利概率。由于后续在交易策略中还要逐步加入资金管理、投资组合构建、风险管理等必要部分，所以不用担心最初的策略会过于简单而导致绩效指标不好。除此之外，投资组合管理显得因为必要，因为我们总会有预算约束，而且好的投资组合管理在很多时候能够利用一个平庸的策略获得不错的收益率曲线。

第二节 为什么需要交易系统

为什么我们需要依赖交易系统进行投资？用我们自己的直觉来自由交易有什么不对吗？毕竟，在面对大量复杂数据和突发金融事件时，我们的大脑具有惊人的反应速度和判断能力。

很多投资者都会有这样一种经验，在自选股中的某只股票出现股价拉升的时候会懊悔自己没有及时买入，而在持仓的某只股票连续出现下跌的时候会后悔之前没有及时卖出。虽然看起来这两种情况带来的是机会成本和权益的损失，但他们并不因此改变自己的交易规则，而是以此作为对自己选股和择时能力的一种肯定，因为自己脑中“曾经”闪现过“正确”的判断。

这个例子直观地描述了我们的大脑中存在的天生缺陷，它会受到认知偏见（Cognitive bias）的影响，主动记忆一些对自己有利的情况，而对失败的痛苦经历置若罔闻。认知偏见在证券交易中带来的负面作用远远超过我们在进行决策时应该拥有的自然优势。在行为金融学中，前景理论（Prospect Theory）很好地解释了这种现象。

20 世纪 50 年代，“理性人假设”[①] 占据经济学和金融学研究的主导地位，几乎所有跟经济有关的研究课题都采纳了这个前提条件。尤金·法玛[②]在 1970 年正式提出了有效市场假说（Efficient Markets Hypothesis，

---

① “理性人假设”是亚当·斯密“经济人假设”的延伸，指人作为经济决策的主体时都是充满理智的，既不会感情用事，也不会盲从，而是精于判断和计算，其行为是理性的。在经济活动中，主体所追求的唯一目标是自身经济利益的最优化。

② 2013 年诺贝尔经济学奖获得者。

EMH)，指出在“理性人假设”的前提下，金融市场是有效的，所有的技术和基本面分析都是徒劳无功的，投资者们无法通过金融市场获得超额收益。

但实际上，人不会总是理性的。随着时间的推移，很多学者发现证券市场中存在许多明显的异象（Anomaly），例如规模、市盈率等。但是，始终没有人能够想出一种能够完全替代与有效市场假说的理论。直到20世纪80年代，心理学家们开始进入金融领域，他们通过对人类大脑的研究指出，人类本能中包含的一些特质难以通过古典经济学所期望的理性方式行事。于是，出现了行为金融学中的第一个模型——前景理论。

所有投资者在进行主观交易的时候都会犯错，有的造成了较大的损失，有的丧失了盈利的机会，这些犯错的原因都可以用前景理论中的基本结论来解释。非常典型的现象有两种：

（1）越坚持越亏损

前景理论中的“反射效应”指出：在确定的损失和“赌一把”之间，大部分人选择“赌一把”，这反映了人们在面对损失的时候风险偏好会增加。这种对损失的厌恶是一种非常强大的本能。大部分投资者不认为持仓的损失是真实的，直到亏损大到无法承受时才会完全平仓，这样他们可以推迟失去金钱的痛苦感觉，因为亏损时的平仓就是承认自己的失败。

（2）盈利后草草平仓离场

前景理论中的“确定效应”指出，在确定的收益和“赌一把”之间，大部分人选择实现收益，落袋为安，这反映了人们在面对获利的时候是风险规避的。在利润微薄时尽早卖出这种行为的背后存在着最小化后悔的动机，因为一旦如果持仓权益在创下新高后回落，他们就会后悔没有及时离场。同时，在盈利时平仓也能够证实自己最初的购买决定是正确的，获得相当的自我认定。

除此之外，大部分人存在类似于赌徒的心态。他们将证券交易等同于掷硬币，认为价格涨跌的概率都是同样的 50%，这样做是很危险的，特别是当趋势来临的时候盲目地反向交易只能带来灾难性的后果。而且，赌徒心态的潜意识里还有一种通常很快就放弃的态度，尽管在某些情况下，这样做看起来有点道理，但长期来看，这对于投资行为整体来说却是有百害而无一利的。赌博之所以会上瘾，一般和三种因素有关：首先，是控制欲的满足感，赌徒通常喜欢选择自己的号码，很多投资者也喜欢比较吉利的股票代码；其次，赌博提供了频繁赢得大奖的机会，尽管每次都会有所偏差，但是以小博大的吸引力却经久不衰，保证金交易的期货和期权合约也为投资者提供了类似的机会；最后，赌博的结果很快就揭晓，能够给予赌博者持续的刺激，而频繁的开仓也能带来同样的刺激。

要克服以上这么多人脑中存在的能够严重影响我们交易决策能力的缺陷，只能依赖科学规划和设计的交易系统。使用交易系统可以减轻认知偏差带来的影响，也可以让我们利用其他主观交易者仍然存在的弱点——他们的认知偏差会导致异常的市场行为，进而带来盈利的机会。事实上，一些交易规则能够持续盈利的原因正是在于它们抓住了人们的认知偏差。

第三节　从主观到客观的转变

许多文献和研究表明，从长期来看仅有少数投资者能够战胜市场，大多数散户甚至机构投资者最终都会亏损出局。如果你不属于最幸运的那一类投资者，那么使用交易系统将是你在这个市场上生存的唯一方法。当然，一些幸运或有天赋的交易者总能够不知不觉地跟随直觉对市场走势做出正确的判断——这样的人也不会需要这本书。

尽管大多数成功的投资者和基金经理是通过执行他们预先设定的交易规则来获得盈利的，人们也会对交易系统产生误解：认为交易系统能够克服交易带来的一切问题。然而事实并非如此，一方面，交易系统能够帮助投资者消除认知偏差，从而有更大的把握去打败市场，但另一方面，它只能按照设计者的经验进行交易，在市场结构发生变化时，无法适应新的环境。

在使用交易系统之前，有几个观念首先必须要明确：

第一，如果交易员没有勇气使用交易系统或是承受不了交易系统带来的心理压力，那么交易系统将无法起作用。华尔街著名交易员拉瑞·威廉姆斯（Larry Williams）说过："交易系统总是在起作用，但交易员却不是如此。"对于交易员来说，不根据交易信号进行相应的操作是其最不称职的行为。著名的交易员比尔·埃克哈特（Bill Eckhardt）更是一语中的："如果你做了一个糟糕的交易，你有资金管理、风险管理等一大堆补救措施来帮你减少损失，所以你不需要太担心；但如果你错过了一个好的交易机会，那么你将永远错失它。如果你错过了你预先设定规则下的好交易，那你在市场中终将难逃一死。"

第二，为了能够充分相信你的交易系统，你需要进行大量的统计和计算工作。我们都知道，再好的交易系统也不可能总是盈利。在交易系统业绩低迷的时期，回撤可能会逐渐摧毁你对它的信心，所以在应用交易系统之前做好大量的统计工作实在是非常必要——但遗憾的是，大多数人都不会这样做。完成一个完整的交易系统涉及对交易系统的开发、测试、评估和实施，每一个步骤都必不可少。

第三，交易系统并不能克服所有传统交易所遇到的问题，如缺乏足够的初始资金、组合构建的限制等。部分传统交易所遇到的问题在交易系统的应用中也会遇到，而且难以通过量化交易的方法得到改进。

第四，交易并不是一个理性的行业，因为在交易中不是所有事情都可以用逻辑去解释。在市场中，恐惧和贪婪会操纵着价格，而你永远无法把握其他人的思想。部分交易者凭着直觉击败市场，但他们也没有充分的理由去解释他们为什么要进行这样的买卖操作。因此，在这样的情况下，你可能需要一个看起来毫不理性、毫无逻辑甚至你也不能完全理解的工具去帮助你击败市场。就通常情况而言，那些你认为毫无道理的、很有可能失败的交易信号反而能够让你大赚一笔。

使用交易系统意味着你需要放弃你之前“感觉良好”的交易思路，甚至是你对金融的认知。例如，与“追涨”相比，大多数人对“抄底”的感觉更为良好。但事实上，“追涨”很可能是一个更好的策略。使用交易系统可能意味着你要通过数字被动地接受这个残酷的现实，做一个完全意义上的机器交易者，同时，这也意味着你需要打败自己，而且这将是你获得盈利的唯一方式——除非你的幸运能够让你在一无所知的情况下日复一日地获得盈利。

第四节　科学地建立交易系统

有过证券投资经验的人都知道：将所有的技术分析指标都放在一起是不合适的。技术分析也有主观和客观之分。客观的技术分析指标是指清晰定义的、可重复计算的指标。它们有确定的含义，任何人计算都能得到同样的结果且可以用历史数据进行回测检验，并能用严格的定量方法进行评估。主观的分析则与之相反，它们的含义无法清晰定义，所以需要分析师对其进行解释。不同的人面对同样的数据或 K 线图也很可能给出不同的结果，这也给对这些指标定量地进行评估造成了困难。换句话说，我们几乎不能检验主观指标的有效性。

技术分析的本质是统计推断——它试图从历史数据中发现价格的变

化模式和规则，并进行概括，然后外推到未来。也正是因为如此，由于那些主观的技术分析方法自身具有模糊性且难以定量检测，所以难以得到学术界和业界的广泛认同。相比而言，客观的技术分析就要科学得多。科学的技术分析利用统计推断和定量分析，试图从样本来推测总体的统计特性，它试图通过对变量之间的关系去预测未来。也就是说，它总结出一些规律，在这样的规律下其预测的结果将大概率地发生。相较于主观的技术分析，这样的技术分析更加接近统计学，也更有科学性。

量化技术分析运用了应用科学中典型的分析方法——假设演绎法。其从一般原理或理论出发，依据这一理论推导出一些结论，然后把这些结论应用于对具体现象的说明和解释中。量化交易系统设计与评价的过程与其他应用科学的评价方法类似，其所使用的假设演绎法分为五个阶段：

（1）观察：在开发交易系统前，要对市场进行持续的观察，并在观察中发现变量之间的相互关系。

（2）假设：这是交易系统开发者需要做出的原创性工作。系统开发者基于大量的数据分析，通过对变量之间关系的观察做出假设。这些假设并不是偶然做出的，而是基于大量的观察和数据分析。

（3）预测：如果变量之间的关系真的存在，那我们则可以通过这种关系去做出预测。

（4）验证：交易系统开发者将对要观测的变量进行观测，看是否符合我们的预期。

（5）总结：交易系统开发者通过使用统计推断工具（如置信区间和假设检验）决定接受或是拒绝该假设。

在总结了一系列规律之后，我们就可以通过本书所介绍交易系统的设计方法进行交易系统设计了。

第五节　交易规则的标准

一、来源可靠

之所以利用交易系统进行投资是因为我们相信它所包含的规则反映了证券价格变化的一定规律，而且这些规律在未来同样有效。因此创建交易系统的规则应该能够在历史上有优秀的表现，而且具有合理的理论基础。因此我们主要通过两种方法去寻找交易规则：

第一种被普遍采纳的方法是基于历史数据的归纳和分析，也被称为“金融数据挖掘”，各种统计套利策略就是典型的例子。这种方法对于非金融科班出身，尤其是具有理工科背景的投资者们是天大的福音。他们可以利用自己熟悉的各种时间序列分析模型，通过对多个合约历史交易数据的分析，找到一些盈利模式进而整理出无穷无尽的交易规则。要重点关注的是：尽管这种方法通常可以更好地模拟历史数据的变化规律，但是很容易陷入“过度拟合”的误区，在样本内测试时表现很好，但是外推到样本外数据时表现不佳。采用这种方法的系统有效性相对较短，适合短期和高频（只在日内持仓）的交易。

第二种方法是基于经济和市场运行规律提出一个合理的理论假设，然后创建一套规则，并在数据上测试它是否有效，它更适合具有经济和金融知识体系的投资者。利用这种方法创建的交易系统可能对历史数据的拟合程度不高，但是一旦找到合理的规则将会取得更好的结果。采用这种方法的系统有效性相对较长，适合长期和中低频（持仓超过 1 天以上）的交易。

但是根据我们的经验，我们更倾向于利用科学、合理的理论进行交易规则设计，这样的规则更能适应不同的市场结构变化。能够带来持续盈利的交易系统来自科学的研究方法和对市场的深入了解，找到合理的利润来源。交易系统失效的原因往往在于采用了过度拟合的结果，而没有考虑到规则可能只在过去盈利而在将来可能不盈利的情况。

二、明确的利润点

了解为什么交易规则能够赚钱是非常重要的。如果你知道自己的交易系统为什么在过去能够盈利，那么你就可以知道在当前的市场状况下利润是否会继续，或者规则何时会失效。

采用基于金融理论的规则，你可以很容易地解释为什么一个策略是有利可图的，因为形成这一规则的最初原理是合理的。例如，你可能已经对趋势跟踪策略进行了回测，你也知道这个系统盈利的基础是前景理论中所解释的认知偏差。

采用基于数据的规则，对于盈利的解释就需要遵循数据的拟合过程。首先要检查规则的交易条件，然后推断达到这些条件的原因。基于数据的交易规则越复杂，解释就越困难

然而，寻求盈利的解释是一个很复杂的过程，充满了陷阱。在这个过程中我们还要面对另外一种认知偏见：人类更喜欢听故事而不是看公式。如果一套规则关联了一个很知名的故事并具有很强的说服力，那么即使它们的表现不符合统计显著性要求，我们也会轻易地信任它。

只有了解了系统的盈利来源，我们才能更好地利用交易系统，才能充分信任它，并坚持使用它。

三、简单且直观

越是简单的交易规则计算量越小、执行速度越快。在分析盈利来源和判断交易行为对错时要容易得多。基于理论的规则应该是简单明了的，除非你从一个非常复杂的想法开始，或者采用了过于复杂的公式和

理论对数据进行回测，但是这两者我们都不推荐。

基于数据的交易规则可以非常简单或非常复杂，这取决于交易系统中组合了多少个参数。一般来说，越多参数的交易规则越难解释其中的机理，并且更容易过拟合。但是具有合理复杂程度的交易规则可以更好地探索新的交易模式，这之间需要进行不断地权衡。

机理越直观的策略越容易被信任。如果一个合约价格触及平仓条件而实际上没有被系统平仓时，你可能就会去检查数据通信、程序运行等各方面的问题，来避免再次出现类似的故障，在通常条件下你非常清楚系统该干什么事情。但是一个复杂的系统可能会随着价格的上涨而买入或卖出，这取决于确切的模式。这会使它的行为变得不那么明显和不可预测，系统交易时出现的错误也会很难被发现。

四、数量化

理论规则需要通过数量化转换成交易系统，但不是所有的理论交易规则都完全适合于这一点。无法进行数量化的规则本质上或者是主观的，或者是受制于数据的类型，或者两者皆有。比如“并购套利”策略必须通过一些难以量化的因素来评估交易的可能性，比如是否满足法律条款、政策的支持程度等，而且有些数据可能是无法获取的。

主观的交易规则不能被系统化，是因为不可能写出一套相对简单、客观和通用的规则。对于深奥的技术分析策略来说，把纷繁芜杂的蜡烛图转变成精确的规则是非常困难的，很多技术分析专家口中的“支撑点附近”就是一个典型的例子，而量化交易策略需要制定一个具体的价位作为“支撑点”。

有时即使策略是客观的，但是由于一些必要的数据可能是无法获取，或是获取成本很高，也会阻碍交易规则的系统化。甚至很多时候获得的数据也会有短缺，无法满足回测的需求，就无法确认这个交易系统在过去的有效性。

总之，能否数量化是交易系统的关键，但并不是说这些规则没有价值。如果满足不了完全数量化的条件，它们仍然可以被设计成一个半自动化的交易系统进行投资实践。

第二章 准备工作

“工欲善其事，必先利其器”，投资者建立自己的交易系统也需要做很多的准备工作，主要工作包括以下几项：

首先，应当挑选一个或者几个流动性好、品种丰富、管理规范的证券交易所。无论是资本证券市场、货币证券市场，还是商品市场的交易所都有它们自身独特的交易方式和交易时间安排，不同的投资者要根据自身对于投资标的、交易规则的认识程度慎重地选择，切忌选择不熟悉甚至不合法的交易所。

在选定证券市场之后，第二步就是选择一个适合的交易策略。常见的量化交易策略可以分为主动型策略和被动型策略，主动型策略又分为趋势跟随和均值回归两大类，两者看似不能相容，但其内在思想都符合一定的逻辑，适应不同的市场状态，在应用的时候都有一定的适用性和局限性。

接下来，还要根据策略的需求和个人自身情况选择数据来源、开发语言和交易平台等工具。与制造业需要机器设备和原材料进行生产一样，量化投资行业中利用开发语言和交易平台设计出的交易系统相当于机器设备，而数据来源相当于交易系统的原材料，交易系统需要对各种各样的海量数据进行加工、筛选和处理之后才能通过交易产生持仓，最终通过不断调整仓位创造收益。

第一节　交易所与证券代码

交易所是进行有价证券交易的市场，通常分为证券交易所和期货交易所。证券交易所一般交易股票、债券、基金等有价证券，期货交易所一般交易大宗商品或者金融期货合约。在中国大陆开办证券和期货交易所需要经过中国证券监督管理委员会审核，国务院批准后方可设立。目前经国务院批准的证券交易所有上海证券交易所和深圳证券交易所两家，[①] 期货交易所有上海期货交易所、中国金融期货交易所、郑州商品交易所、大连商品交易所和上海国际能源交易中心五家。这七家交易所受证监会直接监管、管理制度规范、交易标的流动性好、参与者众多，是进行投资交易的首选交易所。近年来，全国各地出现很多地方性的现货交易所，这些交易所管理混乱、缺乏监管，风险极高，且一般都不提供程序化交易接口，不适合进行系统化交易。

一般来说，交易系统中非常重要的两个环节是订阅市场行情和发送交易指令。这两个环节都需要用到股票或者期货合约的证券代码以及交易所代码，因此，熟悉我国各大交易所及其交易标的证券代码对于交易系统开发者来说非常重要。下面给出我国主要交易所的编码规则及示例：

上海证券交易所，英文名 Shanghai Stock Exchange，简称“上交所，SSE”。它在 yahoo 金融数据库中代码为“SS”，在万得金融数据库中代码为“SH”，在本书推荐的掘金交易平台[②]中代码为“SHSE”。根据 2007 年发布的《上海证券交易所证券代码分配规则》，上海证券交易所证券代码采用六位阿拉伯数字编码，取值范围为。六位代码的前三位为

① 另外还有一个代办股份转让系统，俗称“新三板”，属于场外交易市场。

② https：//www. myquant. cn/

证券种类标识区，其中第一位为证券产品标识，第二位至第三位为证券业务标识，六位代码的后三位为顺序编码区。首位代码代表的产品定义分别为：0-国债/指数、1-债券、2-回购、3-期货、4-备用、5-基金/权证、6-A 股、7-非交易业务（发行、权益分配）、8-备用、9-B 股。对于同一只股票，在不同的数据库或者交易平台请求行情或者数据时采用的格式也不同，[①] 例如浦发银行在不同数据库或者交易平台上的股票代码可能分别为 600000. SS、600000. SH 和 SHSE. 600000。

深圳证券交易所，英文名 Shenzhen Stock Exchange，简称“深交所，SZSE”。在上述三个数据源中的代码分别是“SZ”“SZ”和“SZSE”。深圳证券交易所 2001 年由 4 位数编码升级为 6 位数编码，定义：0-A 股股票、100/101-国债、11-企业债、12-可转债、15/16-开放式基金、18-证券投资基金、2-B 股、3-创业板股票。

上海期货交易所，英文名 Shanghai Futures Exchange，简称“上期所，SHFE”。在万得金融数据终端中的代码为“SHF”，在掘金交易平台中为“SHFE”。上期所主要交易有色金属（分别为铜 cu、铝 al、锌 zn、铅 pb、镍 ni 和锡 sn），贵金属（黄金 au 和白银 ag），黑色金属制品（螺纹钢 rb、线材 wr、不锈钢 ss 和热轧卷板 hc）和能源化工（天然橡胶 ru、燃料油 fu 和沥青 bu）。上期所对交割月份的表示为 4 位数，前两位代表年份、后两位代表月份。例如，2017 年 1 月交割的黄金期货合约代码为 au1701。

中国金融期货交易所，英文名 China Financial Futures Exchange，简称“中金所，CFFEX”。在万得中代码为“CFE”，在掘金交易平台中为“CFFEX”。中金所主要交易股票指数期货（上证 50 指数期货 IH、沪深 300 指数期货 IF 和中证 500 指数期货 IC）以及国债期货（二年期国债

① 具体内容请见对应平台的说明文档，此处仅举例示意。

TS，五年期国债期货 TF 和十年期国债期货 T）。

郑州商品交易所，英文名 Zhengzhou Commodity Exchange，简称"郑商所，CZCE"。在万得中代码为"CZC"，在掘金交易平台中为"CZCE"。郑商所主要交易农产品（白糖 SR、棉花 CF、棉纱 CY、强麦 WH、普麦 PM、早稻 RI、晚稻 LR、粳稻 JR、菜籽 RS、菜籽油 OI、菜粕 RM、红枣 CJ 和苹果 AP），能源化工（动力煤 ZC、甲醇 MA、尿素 UR、纯碱 SA 和精对苯二甲酸 TA），矿产（硅铁 SF 和锰硅 SM）和建材（玻璃 FG）等。郑商所交割月份的表示与其他三个期货交易所不同，采用 3 位数表示，第 1 位是年份，后两位代表月份。例如 2017 年 1 月交割的白糖期货合约代码为 SR701，但在万得数据库中交割月份需要补齐到 4 位数，如 SR1701. CZC，但它在掘金量化平台中的代码为 CZCE. SR701。

大连商品交易所，英文名 Dalian Commodity Exchange，简称"大商所，DCE"。大商所主要交易农产品（黄大豆 1 号 a、黄大豆 2 号 b、豆油 y、豆粕 m、棕榈油 p、玉米 c、玉米淀粉 cs 和鸡蛋 jd），化工产品（塑料 l、聚氯乙烯 v 和聚丙烯 pp），建材（胶合板 bb 和中密度纤维板 fb）和能源矿产（焦炭 j、焦煤 jm 和铁矿石 i）等。

上海国际能源交易中心，英文名 Shanghai International Energy Exchange，简称"能源所，INE"，目前交易原油期货合约 sc 和 20 号胶 nr。①

通过以上内容对比可以看出，股票市场代码规律性较强，但都以数字作为证券代码。这会引起一些编程上的障碍需要克服，例如数字和字符格式之间的转换、识别等。期货交易所之间的合约代码编制规则显得混乱一些，总结出来的规律主要有两点：首先是合约品种代码的长度和

① 注：以上合约信息截至 2019 年底，合约品种目前仍在持续增加。

大小写，除了大商所有几个品种采用了1个小写字符之外，其他三个交易所都采用两个字符表示合约品种，其中上期所采用的是小写，中金所和郑商所都采用大写；其次是合约交割月份的表示，郑商所采用了3位数字，而其他三个交易所都采用4位数字。以上这些都为交易系统的开发设置了重重障碍，需要专门编写函数进行处理。

由于绝大多数经纪商提供的API可以直接与柜台进行通讯，且本书重点在于讨论如何进行交易系统的参数选择和优化，所以有关STEP和CTP平台等底层开发相关的内容不在本书的讨论范围之内，不再赘述。

第二节　量化交易策略

量化交易策略可以划分主动型和被动型策略。主动型策略包含趋势跟随（Trend Following）和均值回归（Mean Reversion）两个大类，著名的海龟交易策略（Turtle）、布林通道策略（Bollinger）、三角突破策略（Triangle）、均线突破策略（Luxor）等都是趋势跟随类策略，而反转策略（Reversal）、套利策略（Arbitrage）等都可以归类为均值回归策略。被动型策略包含指数投资和因子投资两种，前者主要是按照市场指数构造投资组合跟踪市场波动，而后者是通过定期调整持仓捕捉某种因子能够长期盈利的异象。

两类主动型策略从买卖点的差异上可以进行很好的区分：趋势跟踪策略认为不能预测价格，但价格变化的趋势能够延续，它的特征是在价格上涨的时候买入多仓，在价格更高的位置卖平多仓，在价格下跌时卖出空仓，在价格更低的位置买平空仓，即通常所说的“追涨杀跌”；均值回归策略与之相反，认为在短期会出现错误的定价，但长期应该回归到平均价格，而且这个价格是能被预测的，因此在价格上涨到一定程度时要卖出空仓，在价格下跌回均价附近的时候买平空仓，而在价格下跌到一定程度时要买入多仓，在价格上涨到均值附近时卖平多仓，即通常所说的“抄底逃顶”。

虽然看起来两种交易策略完全是背道而驰，但是两者的内含思想却都符合一定的市场逻辑。经常有人说“横有多长，竖有多高”，形容的就是价格的两种变化模式，“横”指的是价格围绕一个均值反复波动、横盘整理的过程，这种情况下均值回归类策略将取得良好的收益；“竖”指的是价格单边上涨或者下跌的趋势，这种情况下趋势跟随类策略会取得更好的收益。实际上，“横”和“竖”两种状态在很多情况下难以区分，它们会呈现出一种相互融合的状态：市场在宽幅震荡的时候会出现短期的单边趋势，而即使市场在一个较长期呈现出单边的趋势时也会出现短期的震荡调整。

与小资金青睐的主动型交易策略相比，大规模资金更倾向于被动型交易策略。他们通常会在现金、债券、指数基金之间进行配置的调整，而不会单独关注某几只股票或者期货合约。

一、趋势跟随类策略

趋势跟随类策略认为趋势是可以延续的，参与的投资者越多，趋势延续的时间就越长，从行为金融学的角度有三种解释：

首先，有效信息的传播能够延长趋势。当市场上出现某种有效信息的时候，并不是所有人都能第一时间获得，而获得该信息的人也可能需要对信息的有效性进行验证，并对信息将会造成的结果进行分析，甚至有些人还需要价格发生一定程度的变化才能确认这条消息，这就造成了不同投资者对同一条信息的处理存在时间差异。

其次，不同的风险偏好也能够延长趋势。不同交易者的风险偏好不同，他们会在同一个时点做出相反的交易，延缓价格调整到位的时间。举例来说，某上市公司通过兼并重组后，未来业绩会有比较大的提升，股价随之上涨，在上涨的过程中并不是所有人都看好后市，一部分厌恶风险的投资者会提前离场，而风险承受力高的投资者会继续加仓直到趋势完结。

最后，趋势认同也能够延长趋势。当一段长期趋势出现时，会有越来越多的投资者进入市场力图从中牟利，延续趋势的长度。

需要注意的是，趋势形成的过程不是一蹴而就的，开始阶段通常是缓慢并且伴随着温和的回调整理，而最后阶段会出现加速和猛烈的回调，在趋势完结时，一般都会出现大幅度的反向变化。这是因为当所有的投资者都认为价格已经接近真实价格，或者不再有新的投资者进入时，常常会出现比较大的抛盘和反向开仓。这个从趋势开始到趋势结束的过程可以认为是持仓风险不断积累的过程，如何处理趋势过程中的波动常常是影响交易系统最终收益的关键，因此，如何判断风险并进行仓位调整和设置离场信号是这种策略的关键点。

判断趋势常用的技术指标和策略种类非常丰富，常见的技术指标有各种均线、布林线、动量线等，常见的策略有均线突破策略、布林通道突破策略、波浪理论、道氏理论等。近些年还出现了利用信号处理方法等进行趋势研判的方法。

虽然这些指标和理论都能反映出趋势的变化，而且都可以获得一定的收益，但是在应用的过程中需要注意：首先，趋势不是一朝一夕就能形成的，当发现趋势出现或者反向变化时要进行确认，不能急于开仓，以避免价格的伪突破带来损失。其次，对于固定仓位的趋势跟随策略来说，一定要严格设定离场条件，一旦满足必须离场。这里的离场条件一般指的是止损比例，对于止损比例的研究方法会在第四章进行详细介绍。需要注意的是，如果能够提前防范反转风险，规模较大的资金尽量不要选择强行止损。

二、均值回归类策略

与趋势跟随类策略不同，均值回归类策略认为趋势是不可长期延续的，一个趋势持续的时间越长，就越容易出现反向趋势，并最终回归到长期的平均值，就像一个钟摆一样，偏离中心最远的时候就是向中心回归的时候。

最早发现均值回归现象的是塞勒和德邦特，他们在 1985 年发表的《股市是否反应过度》一文中证实：在 3~5 年的周期上，原本表现不佳的股票开始摆脱困境而走好，而原先的赢家股票则步入下坡路，这种反向走势不仅表现在股价上，而且表现在公司的盈利上。对于这种现象，迈克尔·波特的竞争理论给出了一个合理的解释：当行业盈利丰厚时，新的进入者竞争拉低了盈利；当行业无利可图时，退出者为行业盈利恢复创造了条件。从这个角度上讲，多数公司难以持续保持高盈利能力，除非它具有某种特殊竞争优势和进入壁垒，而这类为数不多可以抵御均值回归的公司正是巴菲特所说具有“护城河”的优秀公司。

除了竞争理论之外，行为金融学也给出了均值回归的解释：投资者们对于突发信息的判断会产生过度反应，进而出现错误定价并形成短期的单边走势，随着时间流逝，投资者们不断调整对信息的判断，最终使价格回归合理。

均值回归类策略在价格偏离正常值过远的时候开仓，在价格回归正常值时平仓。常用的指标包含相对强弱指标、随机指标、乖离率等。常见的策略主要包含反转策略和套利策略等。均值回归策略的研究方法包含自相关检验、方差比率检验、单位根检验、广义自回归条件异方差模型（GARCH）、向量自回归模型（VAR）和向量误差修正模型（VECM）等。

均值回归类策略与趋势跟踪类策略的最根本区别并不在于买卖点的位置，因为如果价格过分偏离的情况下，趋势跟随策略也可以通过对风险的判断而减仓；而右侧交易的均值回归策略也不会在趋势未完结时就建立反向的头寸。两者之间的根本区别是对于未来价格的判断，趋势跟踪类策略认为未来价格是不可以预测的，而均值回归类策略认为未来价格是可以预测的。

三、挑选适合自己的策略

每位投资者都有自己对市场的看法，也就对应着不同的交易策略，而这个策略是否能够为投资者带来盈利，却取决于投资者自身的多种因素。

1. 盯市时间

对于没有太多时间关注盘面变化的投资者来说，使用完全自动交易并且能够隔夜持仓的趋势跟随策略会比较好，合理地分配开仓数量和研究不同盘中的止损比例能够规避到大部分的市场风险；而有足够时间盯市的投资者可以采用一些触发式的策略，并及时对不同的市场变化做出反应。

2. 编程技巧

对于有经验的程序员来说，可以开发规模较大的程序每天交易大量的不同证券，以便构建多元化的投资组合以应对市场风险；而对于初学者或者不熟悉编程的投资者来说，从交易一两只股票或者期货合约做起是更好的选择。

3. 资本金与杠杆

对于资本金较少的投资者来说，可以寻找一个能够最大限度地发挥杠杆作用的策略，前提是能够稳定盈利且回撤不至于造成爆仓；对于资本金较大的投资者来说，复合型策略或者中性组合策略可能会更好；对于资本金非常大的投资者或者机构来说，被动投资指数或者进行因子投资将会是比较好的选择。

4. 忍耐力

策略收益率分布的对称性是最容易被大多数人忽略的，因为大家普遍认为策略的收益率分布应该是对称的，类似正态分布，只要做好止损就可以了，而事实上却不是这样。偏度（skewness）是衡量样本分布对称性的统计量，假设正偏度（positive skew）策略和负偏度（negative skew）策略的分布形态如图 2-1 所示。负偏度策略大部分数据集中在横轴的右半部（正数的部分），但是也有一部分数值分布在横轴的左半部，这就意味着这种策略在日常经常出现小幅盈利，但是偶尔可能会出现巨大的亏损，均值回归的策略具有这种收益率的分布。而正偏度策略则相反，日常经常出现小幅的亏损，但是偶尔会出现大幅度的盈利，趋势跟随的策略具有正偏度的收益率分布。如果你不愿意忍受每天小亏的痛苦而选择了负偏度策略，那就一定要设置好止损，小心偶尔会出现的大额亏损，并尽量使用较低的杠杆；反之，如果你的忍耐力比较强，可以忍受长期处于亏损的状态，那么我就建议你采用正偏度的策略，并加上适当的杠杆。

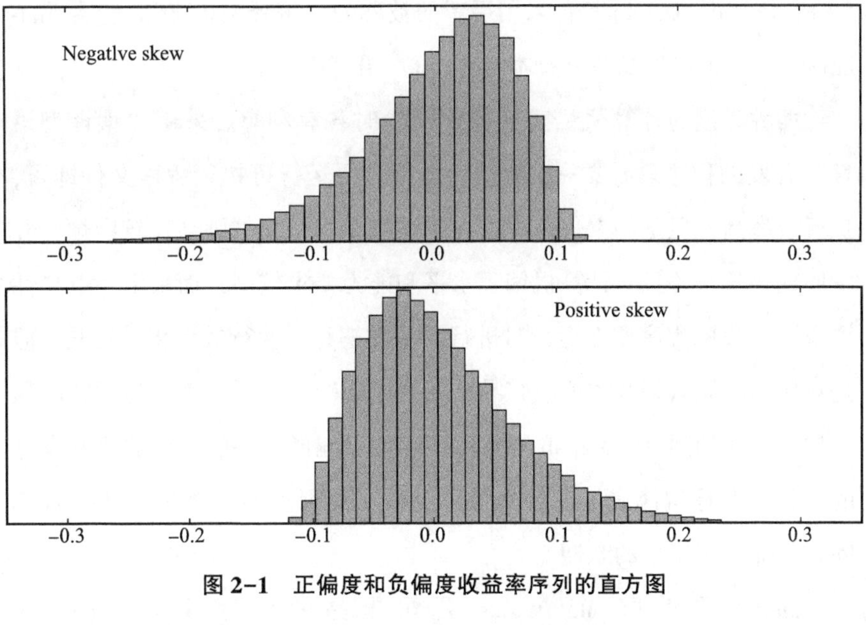

图 2-1　正偏度和负偏度收益率序列的直方图

第三节　开发环境

随着计算机技术的进步和软件业的发展，越来越多的计算机语言和技术被应用于投资领域。从最早的 EasyLanguage 到目前广泛使用的 Matlab、R、Python 等，这些解释型计算机语言极大地降低了程序开发的门槛，使得没有计算机硬件和编译型计算机语言基础的投资者们能够利用计算机强大的运算能力和通讯速度进行更高效的数据分析和交易。

我们常说的计算机语言指的是“高级语言”，用高级语言编写的程序本身是不能被计算机所理解和执行的，需要将程序翻译成“机器语言”。这个过程有两种途径：一种是把整个程序编译（Compile）成后缀为 . exe 的二进制可执行文件，另一种是通过软件平台一边将程序解释成机器语言一边执行。采用前者就称为“编译型语言”，常见的有 C、C++、Pascal、Delphi 等，采用后者的被称为“解释型语言”，包含 Matlab、R、Python 以及各种脚本（Script）语言等。

两种类型的计算机语言在软件开发时各有利弊。采用“编译型语言”开发的程序只需要一次编译，之后只要运行可执行程序文件即可，执行效率高，但是如果代码中存在错误需要进行调试则会比较麻烦，开发周期很长，并且对计算机编程水平和能力要求较高；而采用“解释性语言”开发的程序要在运行时进行同步的解释，执行效率相对较低，但是对代码的调试和修改比较容易，开发周期短，容易上手。为了解决程序执行效率的问题，Matlab 等软件还增加了编译的功能，能够将开发好的 Matlab 程序编译成可执行文件，突破了解释型语言程序的执行效率问题，受到了用户的欢迎。

Matlab 是美国 MathWorks 公司出品的商业数学软件，和 Mathematica、Maple 并称为三大数学软件。它在数值计算方面首屈一指，而且拥有大量稳定可靠的工具箱（Toolbox），可以进行矩阵运算、绘制图形、实现算法、人机界面、混合编程等，主要应用于工程计算、控制设计、信号处理与通讯、图像处理、金融建模设计与分析等领域。近些年随着量化投资的发展，越来越多的投资者选择 Matlab 进行策略回测、系统设计和实盘交易，本书就选择了 Matlab 进行系统的回测和优化，书中所有图示都是利用 Matlab 软件绘制。

第四节　数据来源和预处理

设计交易系统所需要的数据主要分为两大类：历史数据（Historical Data）和实时数据（Online Data）。历史数据就是已经发生了的确定性数据，例如历史的交易行情数据、基本面数据和事件类型等数据。实时数据就是指交易系统运行中从市场上不断获取的最新数据，主要包括实时行情数据和成交回报数据等。

数据对于交易系统设计来说至关重要，主要体现在三个方面：

首先，历史数据是设计和衡量交易系统的基础。量化交易与主观交易的一个重要区别就是交易策略执行的严格程度。主观交易很多时候是无章可循的，但是量化交易对于合约的持仓数量、持仓方向甚至是成本价格的范围都有严格的要求，因此，在确定交易策略之后，设计量化交易系统的第一件事就是利用历史数据进行回测，进而判断系统性能和过往业绩，这就要求投资者拥有尽可能多高质量的历史数据。

其次，交易数据是优化和测试交易系统的基础。交易过程常常会面临各种风险，如何在盘中监测风险，制定合理的退出机制需要高频交易数据；交易系统执行结果与策略理论收益总是会存在一定的差别，如何对两者进行统一，也需要利用高频数据进行仿真，模拟交易过程中的成交价和交易量变化情况，以便获得相对准确的测试结果。当然，这里的高频数据不一定要求是快照数据，大多数情况下分钟数据就可以满足需求。

最后，实时行情数据和交易回报数据是量化交易的前提。无论量化交易系统采用何种交易策略，在实盘交易时都要不断地从经纪商柜台或者交易所获取实时行情数据，并进行运算或者判断后产生并发出交易信号，再根据经纪商柜台返回的交易回报数据对交易完成情况进行确认。

以上所说的高频数据包含 Tick 数据、分钟 Bar 数据和小时 Bar 数据，而日数据、周数据等被称为低频数据。Tick 数据又叫快照数据，包含了最高频率上的交易信息，国内的交易所一般按照 1 秒 2 次的频率进行数据推送，Tick 数据里包含了最新价和成交量，需要注意的是即使没有成交量，也还是会有最新价，也就是说 Tick 中的数据不一定是真实的成交数据，具有一定的欺骗性。Bar 数据是标准的行情数据，与行情软件上的一根 K 线对应，包含了一个时间段内的开盘价、最低价、最高价、收盘价、交易量、成交额以及时间等信息，是用真实交易形成的行情信息。根据交易信息时间跨度的不同，Bar 数据可以分为各种不同时间频率上的数据，例如：15 分钟 Bar、2 小时 Bar、日 Bar、月 Bar 等。高频的 Bar 数据可以反映出市场短期的波动变化，而低频的 Bar 数据只能反映长期的波动范围。

国内外金融数据提供商很多，比较知名的收费数据服务商有 IDC、彭博（Bloomberg）、道琼斯（DowJones）、路透（Reuters）、万得（Wind）、国泰安（CSMAR）和锐思（Resset）等。国内的机构投资者和高校的研究者们大都会购买这些数据服务商的服务，而对于非机构投资者或者量化交易的初学者来说，免费数据提供商可能更符合实际的需求。但需要注意的是，免费意味着大部分的数据可能没有经过非常严格的检查和清洗，而且这些免费数据服务商的服务器稳定性也可能存在问题，在进行系统仿真和实盘交易时的可靠性不佳，甚至很多只能满足简单的回测，并不能提供仿真和实盘交易的服务。

万得是国内著名的金融数据服务商，可以提供股票、债券、基金、衍生品、指数、宏观行业等各类金融市场数据，并提供了 C#、C++、Matlab、R、Python、VBA 六种计算机语言接口，能够提供各种频率上的交易数据，数据质量较高，费用也较高，适合机构客户使用。

我们向读者们推荐的免费金融数据服务商是红树科技。他们旗下的“掘金量化交易平台（goldminer）”是目前国内比较优秀的量化交易平台之一，而且提供面向学生和量化学习研究者的永久免费版本，支持 C/C++/C#、Matlab、Python、R 等计算机语言，并提供了各语言的软件开发包（Software Development Kit，SDK）。掘金的数据包含国内七大交易所、港交所以及国际五大商品交易所的高频和低频数据，是目前国内比较优秀的免费数据源了。

从数据提供商处获取的数据还需要进行核对、清洗和调整等工作，确保数据质量合格之后才可以进行交易系统设计。这个过程中需要注意的事项包括：

缺失值的处理。在数据收集工作完成后，首先要编写程序查询是否存在缺失值。对于不同原因造成的数据缺失要尽量利用其他渠道进行补全，如果不能补全的，则要根据缺失数据的重要程度分类处理：不重要的数据可以直接删除，甚至要删除与之相关的数据；重要的数据可以考虑采用插值的办法进行补全，或者先用 NaN（Not a Number）代替，并在进一步编程时注意对 NaN 值的处理。

多渠道数据的核对。这是确保数据正确的一种非常简单但是极有效的方法。如果通过两个以上不同的数据供应商都能获得一致的数据内容，那么这种数据的可信度几乎是 100%。

对于股票数据的特殊处理。股票数据看似简单，但是中间包含了很多陷阱。首先是存活偏差，从数据库中获取的股票价格往往不包含那些由于各种原因而退市的股票，因为所有的数据库只更新有交易数据的股票。这种情况下，用排序方法进行选股的策略特别容易被高估，因为数据没有包含那些因为亏损要退市的股票。因此，在进行回测之前需要将已退市股票的数据加入。其次是分红扩股及股息调整，一家公司在除权日分拆股票、在除息日派发股息都会对股价有较大影响。例如，10 股送 10 股的分拆会造成当天股价表面上的“腰斩”。对于这些情况，金融数据提供商通常会采用复权因子或者调整因子的形式进行调整，投资者只要用当天的股价乘以调整因子即可。

对于期货数据的特殊处理。每个期货合约都有自己的到期日，也就是说所有的期货合约都只能持续一段时间，为了解决这个问题，引入了主力连续合约的概念。生成主力连续合约的数据很容易，只要将每天持仓量最大的合约挑选出来合并数据即可，而实际交易时需要注意，第二天的主力合约可能在当天最后几分钟交易后才能确定是否切换，这会造成投资者的持仓来不及调换到新的主力合约上，进而造成后一天收益与理论收益会有较大偏差。

解决这些问题的主要方法还是采用高频数据尽可能真实地模拟当时的市场变化，或者是进行一些合理的假设。但是有一点很关键，就是回测的时候尽量考虑对自己不利的情况，而不是事事都往好处想。

第五节　交易平台

对于计算机专业人士来说，只要有交易所给定的 API 接口就可以通过编程订阅数据和委托交易，而非计算机专业人士缺乏底层编程经验和软件工程基础，选择一个适合自己的、具备量化 SDK 的交易平台是非常关键的。

一个优秀的量化交易平台主要包含如下几个部分：

一、数据服务系统

数据服务系统主要包括数据和数据服务两大部分，其中数据包含历史行情、基本面数据、新闻数据、实时行情和成交回报等。而数据服务主要是提供便利的接口，方便策略使用，各类接口经过封装，以编程接口 API 的形式对外提供数据的访问和使用。

二、数据挖掘分析工具

数据的挖掘分析工具包含的功能很多，一般都可以进行数据整理、数值计算、模型拟合以及可视化处理等。

三、回测系统

回测系统是量化或程序化交易系统的重要组成部分，通常用来进行策略的验证，即在过去一段历史行情上研究策略的性能。回测系统是检验一个量化交易平台优劣的重要指标。优秀的量化交易平台应尽可能地保证回测的可靠性，避免未来数据给策略开发者带来困扰，并且在策略架构上可以保证策略在回测跟实盘交易的代码结构一致，可以非常方便地切换策略工作模式。

四、实盘交易工具

实盘交易工具是量化系统的核心，一个策略的核心价值最终都要经过实盘交易来体现，交易平台系统需要全面地支持策略的需求，保障策略的顺畅运行。主要包括的服务有实时行情推送、回报数据推送、订单状态更新、多交易通道、风控系统、监控管理等。

整体上说，量化交易平台应当可以满足以下条件：它的回测系统能够提供行情回放服务、仿真撮合、清算服务、回测计算和数据展示工具等；它的交易通道能够通过适配器模式，可以实现包括各种资管系统、柜台系统、交易网关或交易所直连；具有策略运行状态监控、策略的风控管理等独立于策略之上的第三方监控，可以按照预先设置的规则，快速了解策略的运行状态并做出应对措施，它们是防范风险的有力工具。

第三章
交易系统的回测和评价

在量化投资领域，通常会采用“回测（Back-Test）”去判断一个交易策略或交易系统的优劣。回测的程序能够根据历史数据计算出交易系统每一次具体交易的各项细节（主要包含开平仓的价格、数量和时间等），进而统计和计算出系统的各项评价指标（indicators），并通过这些指标来决定是否采用被测试的交易系统。

最终采纳的交易系统将会进行一段时间的仿真交易（即样本外测试），如果仿真测试结果与回测结果基本吻合，那就可以进行实盘交易了。因此，回测程序的设计至关重要，如果忽略了过多交易细节的话，很容易造成高估交易系统的评价指标，浪费仿真交易的时间。另外，在回测的过程中会存在各种各样的陷阱，比如：数据样本、前视偏差、过度拟合、成本冲击等。如何避免这些偏差对系统回测结果带来的影响也是一项重要的工作。

回测并不是为了找到性能最好的点，而是找到一个性能相对比较稳健的面，这与数学中采用最优化算法求极值的观点是有区别的。这部分内容会在第四章中进行讨论。回测的所有结果都是系统性能的期望值，实际运行的结果肯定会产生偏差，如果偏差过大的话就说明系统的稳健程度还不够。

第一节　交易系统的评价指标

交易系统的评价指标通常分为几个大类：收益类、风险类、交易次数类和收益/风险类等，常见的关键指标包括夏普比率（Sharpe Ratio）、最大回撤率、最长回撤期、年化收益率、索提诺比率（Sortino Ratio）等。

评估一个交易系统看起来很容易，大部分初学者认为只要净利润高就是好系统，而事实上，净利润只是我们评价一个系统的常用指标，它能衡量这个系统能给我们带来多少盈利。然而从根本上，它不能让我们对这个交易系统的性能进行全面的认知，因为它不能反映我们面临的风险的大小。在量化利润时，如果不能够同时对风险进行量化是交易系统分析中的一个致命错误。

当我们考虑一个评价系统的指标时，至少要考虑两个因素：

（1）标准化——可以在多个交易系统、资产类别和策略规模中横向比较。

（2）全面——能够同时评估交易策略的收益和面临的风险。

显然，净利润并不具有以上两个特征，所以它不是一个很好的评价指标。

虽然行业内有很多种评价交易系统的方法，但是我们认为最应该关心的几个指标是夏普比率（Sharpe Ratio，“SR”）、最大回撤率（Max Draw-down，“MaxDD”）和最长回撤期（Max Draw-down Duration，“MaxDDD”）。

一、夏普比率

我们认为夏普比率是最重要的交易系统评价指标，没有之一。它是诺贝尔经济学奖得主威廉·夏普（William Sharpe）在1966年研究共同基金（Mutual Fund）评价方法的时候提出的,[①] 他用资本资产定价模型（Capital Asset Pricing Model，CAPM）中投资组合超额收益率和标准差之比来衡量一只共同基金的优劣，公式如下：

$$\text{Sharpe Ratio}=\frac{E(R_P)-R_f}{\sigma_p}$$

其中，$E(R_P)$ 代表投资组合的预期收益率，反映了投资组合收益的高低；σ_p 代表投资组合收益的标准差，反映了投资组合承担风险的大小，依据是哈里·马科维茨（Harry Markowitz）对“风险”的定义；R_f 代表市场的无风险利率。直观上看，夏普比率反映了投资组合在承担单位风险时可以获得超额利润的大小，正的夏普比率越高越好，负的夏普比率没有任何价值。在判断交易系统优劣的时候，兼顾收益和风险是最明智的选择。

在利用夏普比率或信息比率高低判断交易系统优劣的时候还需要注意一个问题：回测的统计周期是否足够长？一般来说，只有长期夏普比率能够保持较高水平的系统是稳健的系统，因为它经历的市场变化和价格冲击等考验更多。那夏普比率是不是越高越好？有没有一个合适的范围呢？一般地，国际市场上优秀投资基金的长期（十年以上）夏普比在0.4~0.6左右，而由于国内证券市场发展时间较短，长期的夏普比率比国际市场上略高，目前可能会在1左右，部分短期夏普比率极高的情况不在我们的讨论范围中。

用程序实现夏普比率计算时，要考虑的问题是数据统计周期的转换问题，即如果收入是日收益率和波动率的话，需要转变为年化收益率和波动率。不同时间周期之间的转换遵循以下标准：

---

① Sharpe，W. F.. Mutual Fund Performance ［J］. Journal of Business. 1966，39（S1）：119-138.

假设基础交易时段的长度为 T，T 可以代表 1 分钟、1 小时、1 日，甚至 1 个月等等，若要计算平均收益率、标准差的年化指标，就必须先求出一年中包含交易时段的个数 N_T，然后按照以下公式进行计算：

$$年化收益率 = N_T \times 基础交易时段平均收益率$$

$$年化波动率 = \sqrt{N_T} \times 基础交易时段波动率$$

$$年化夏普比率 = \sqrt{N_T} \times 基础交易时段夏普比率$$

按照日数据编写夏普比率的计算函数如下：

```
function SR=Cal_SharpeRatio(Return,Rf,Nt)
%% 本函数计算日收益率序列的夏普比率。
    % 输入参数:Return 为日收益率序列,数据类型为数值向量;Rf 为
年化无风险收益,数据类型为数值标量;Nt 为时间尺度系数,如果是日数
据的 Return,对应的是 252。
    % 输出参数:SR 为夏普比率。
%% 以下为程序正文
      ExcessRet=Return-Rf/Nt;
      % 计算日超额收益
      AvgExcessRet=mean(ExcessRet);
      % 计算平均日超额收益
      Volatility=std(ExcessRet);
      % 计算日收益的波动情况
      SR=sqrt(Nt)* AvgExcessRet/Volatility;
      % 计算夏普比率
end
```

以上函数代码通过进一步扩展，可以计算各种时间周期上收益序列的年化夏普比率。

二、最大回撤率和最长回撤期

“回撤率”是指资产净值偏离高水位线的程度，一般意义上来说，是指净值曲线的当前净值与历史最大净值的差距。最大回撤率是指选定周期内任意历史时点往后推，产品净值走到最低点时的收益率回撤幅度的最大值。需要注意的是，这个概念包含了一个隐藏前提——这种最大回撤率只是历史上出现过的情况，而将来会不会出现更大的回撤率是无法保证的，因此，这个指标随着交易系统的长期运行，只能变得更差，不能变得更好。“最长回撤期”是指出经过最大回撤之后净值回到高水位线所经历的时间长度。

“最大回撤率”和“最长回撤期”这两个概念在交易系统设计里面既可以用来判断交易策略可能面临的最大风险，又可以用来衡量交易策略控制风险的能力。对于前者来说，可以使投资者在投资之前有一个心理上的准备，根据自己能够承担的风险程度来选择交易系统或者投资顾问；对于后者来说，通过对比交易系统与基准指数的回撤情况，可以判断交易系统是否具备化解系统性风险的能力。

不可否认，回撤（尤其是巨大的回撤）对投资者和管理人的心理影响是巨大的，因为他们需要忍受着巨大的痛苦进行交易。大多数专业交易者和基金经理对于最大回撤的平均容忍度大概是20%~30%。对于交易系统的设计者来说，如果回测时能将最大回撤率控制在10%以内，则说明该策略具有一定的价值；如果最大回撤率大于30%，则说明该策略几乎是无法应用于实盘的。通常而言，大多数投资者都不能忍受50%或以上的回撤。

```
function[MaxDD,MaxDDD]=Cal_MaxDrawDown(Return,Date)
%% 本函数计算任意收益率序列的最大回撤率和最大回撤期,并绘图
  % 输入参数:Return 为收益率序列,类型是数值向量;Date 为收益
```

率对应的日期,类型是datenum。

% 输出参数:MaxDD为最大回撤率,类型是数值向量;MaxDDD为最大回撤期,类型是数值标量。

%% 以下为程序正文

```
CumRet=cumprod(1+Return);
% 计算交易系统的累计收益。
HighWaterLevel=zeros(size(CumRet));% 高水线序列
DD=zeros(size(CumRet));% 回撤率序列
DDD=zeros(size(CumRet));% 回撤期序列
for i=2:length(CumRet);
    HighWaterLevel(i)=max(HighWaterLevel(i-1),
    CumRet(i));
   DD(i)=HighWaterLevel(i)/CumRet(i)-1;
   if DD(i)==0
      DDD(i)=0;
   else
     DDD(i)=DDD(i-1)+1;
   end
end
% 循环计算高水位线
MaxDD=max(DD);
MaxDDD=max(DDD);
% 以下是绘图部分,可删除。
Time=datenum(Date);
bar(Time,DD);
datetick('x','yyyy-mm-dd','keepticks')
```

```
    xlim([datenum(Time(1))datenum(Time(end))]);
    xL=get(gca,'XLim');
    line(xL,[DD(end)DD(end)],'Color','r','LineWidth',2,
    'LineStyle','--');
    title('历史回撤')
    xlabel('日期')
    ylabel('回撤率')
end
```

图 3-1 给出了该函数的绘图结果，输入数据为某期货实盘策略 2010 年 1 月 5 日至 2016 年 10 月 20 日的日收益序列，图中柱线是每日回撤比率，虚的横线是当前的回撤率。由图中可以看出该策略历史最大回撤为 16%，由于该数据包含的数据较多，因此最长回撤期从图上不容易看出。对于该收益率序列的函数输出结果分别是最大回撤率 0.1608 和最长回撤期 153。

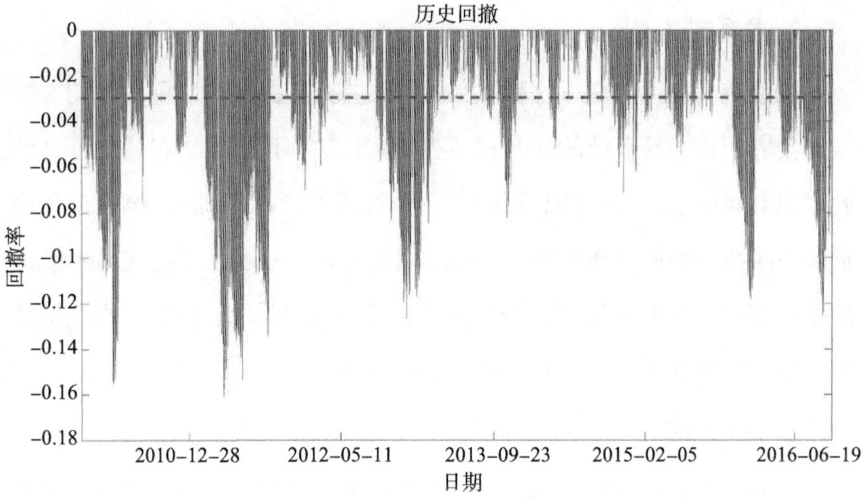

图 3-1　某交易系统的最大回撤图示

三、其他指标

除了年化收益率、夏普比率、最大回撤率和最大回撤期这些关键指标之外，还有其他一系列指标可以对系统进行全方位评估，例如单次交易盈亏、盈利交易占比和盈利因子等。

1. 平均交易盈亏

平均交易盈亏是一个评价交易系统盈利能力的较为不错的指标。它的计算方法是净利润除以总的交易次数。平均交易盈亏展现的是这个交易系统平均每一笔交易能够盈利或者亏损多少钱。从绝对的角度上来说，我们可以用每手盈利减去适当的滑点（Slippage）和佣金（Commission），看看在考虑这些因素以后留给策略的利润还剩多少。从相对的角度来说，整个测试期间的每手盈利占合约价格的比重应该保持相对稳定，我们可以根据回测期间每手盈利占比的情况来对策略是否稳健进行考察。

2. 盈利交易占比

盈利交易占比即获得盈利的交易占总的交易次数的比重（我们有时候也把它叫作交易系统的胜率）。它本身其实并不重要（有的交易系统胜率只有 40%，但它仍然有可能是一个可行的交易系统）。但这个比率可以反映系统如何平衡盈利与亏损之间的关系。一般来说，交易系统的胜率在 50%左右较为健康，一个过高胜率（如 60%或 70%）的交易系统上都可能面临无法交易的问题，值得警惕。

3. 盈利因子

盈利因子又称收益回撤比，常用于比较同一个市场中不同策略效果或将同一个策略应用到不同市场中效果。它是一个相对指标，所以不会受到绝对数值的影响。盈利因子的计算方法是用总利润除以总亏损，这个指标越高越好。通常，一个健康的交易系统盈利因子大于2，且盈利交易的比重大于50%。不过，也有部分很好的系统，其收益回撤比在1.5至3之间。在后续优化时，我们可以采用一些方法，提高系统的盈利因子，使其达到3或以上。

本书将会给出计算并生成多种指标结果的代码，详见第四章的内容。

第二节 注意事项

一个好的交易系统应该在长期具有稳定的表现，所谓长期一般指的是十年以上的周期。以净利润为例，如果某一个系统利用十年的数据进行回测，结果显示只有最初的两年获得了大量的盈利，此后的八年每年都处于亏损状态。但由于最初两年的盈利巨大，最终的年化收益还是正的——你会相信这个回测结果并在实践中使用这个系统吗？显然，没有人会。因为这个策略的表现是不稳定的，最初两年的收获可能是一个异常的、偶然发生的情况，以后再也不会发生。

因此，我们可以得到这样的结论，一个稳定的交易系统应该在几乎所有的指标上都具有相对稳定性。如果你逐年统计交易系统的各项指标，稳定的交易系统在这些指标上不应该有太大的变化。如果逐年之间或者逐月之间出现了较大的差异，就说明这个交易系统不稳定。为了获得一个稳定的交易系统，我们需要注意以下事项：

一、行情数据的处理

对于回测，我们遇到的第一个问题就是数据的质量。虽然随着计算机技术的发展，获取数据非常容易，也很便宜的，但作为数据使用者，我们必须非常谨慎地判断这些数据的可信度，并利用一些办法进行核对验证。因为不准确的数据将直接影响交易系统对仓位的判断和持仓收益的计算，影响交易系统的回测结果，可能导致高估或者低估交易系统的性能。低估系统性能的结果是接受的，但高估的话会直接带来实盘交易的损失。我们发现不同数据服务商对某些数据字段的定义和提取方式是不同的，例如股票日内的最高价和最低价，有的数据服务商用的是报单价格，而有的则采用成交价格，这种不同可能会造成对日内波动的不同计算结果。因此，即使数据看起来很简单——有时仅仅是一个个小数点后少保留了两位数字，合格的系统交易者也应该将其补全并且对数据类型进行调整。因此，在必要的时候对不同数据源的同一数据进行比较、了解当实际操作时系统在哪个数据源下更加可靠是非常必要的。

不同合约的数据处理也要注意数据自身的一些特性。

针对股票的交易数据来说：从长期来看，股票交易数据出错的可能性会更大——因为企业的核心业务有可能改变，公司之间可能会有兼并收购、破产退市，等等。所以，如果把交易系统应用到某一只股票长达数十年以上的价格序列时，一定要对这只股票有非常清晰的认识，避免在进行行业划分、规模划分等方面出错。另外，我们也要注意股票分红派息、拆股送股等事件对股票价格的影响。一个优秀的数据供应商将会对此进行迅速而准确的处理，常见的处理方式是在数据序列中增加复权因子数据，通过与当期价格相乘获得复权价格进而解决问题。

针对期货合约的交易数据问题更难处理：同一品种的期货合约会有不同的交割日期。因此，如果想将交易系统应用在一个长达十年的期货价格序列上，就需要对不同时期的合约交易数据进行衔接以确保数据的连续性。一般来说有两种处理方法：一种是将同一品种的交割月份相同的合约进行衔接，例如将上海期货交易所铜期货合约 cu1012、cu1112、cu1212……cu1612 衔接在一起。如果这种商品的价格具有季节性变化，大多采用此种方法处理，如图 3-2 所示；另外一种是拼接出主力连续合约（简称“主连合约”），它的基本原理是将该品种每天最具有流动性（持仓量最大）的合约（主力合约）“拼接”起来，这样得到的价格序列将是该品种交易最活跃的合约的连续价格序列，如图 3-3 所示。需要注意的是，当主力合约改变时，交易系统同样也需要切换合约，两个不同的合约之间会存在价格差异，在现实交易中这种价差会影响交易系统成本和盈利，需要小心处理。

图 3-2　按交割月份前后相连的 cu1612 合约

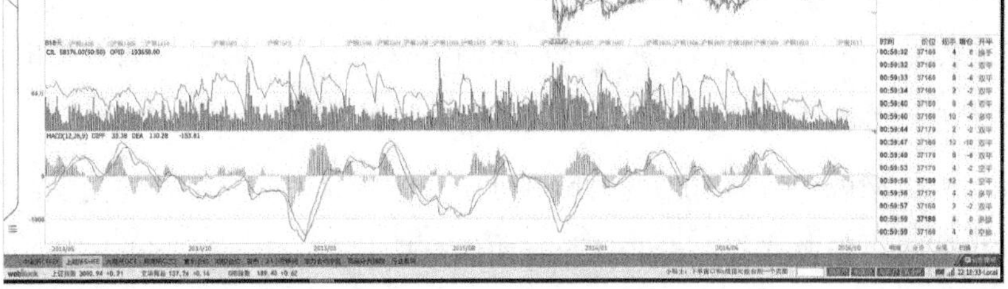

图 3-3　cu 的主力连续合约

从图 3-2 和图 3-3 可以明显地看出主力连续合约的交易量更大，交易曲线更平滑。

二、选择回测区间

随着信息技术的发展，廉价的计算资源和不断提高的计算速度使得用大量的历史数据对交易系统进行长时期的回测变成了可能。一般来说，一个优秀的交易系统不仅可以交易不同市场的多种证券，而且在不同的市场周期和时间跨度上都能保持近似稳定的夏普比率。但是，许多量化交易者在经过长期研究后就会发现大部分交易系统都有自己的“个性”，即这些交易系统只能适应部分市场，而不能“放之四海而皆准”，能够适应所有市场的交易系统寥寥无几、极其罕见，甚至可以用一只手数得过来。

不过，也有许多研究指出，过去仅仅只能代表过去——因为经济环境、社会环境、监管手段、市场结构等都在发生变化。因此，认为“市场会日复一日地表现出同样的方式”是没有道理的，有的量化交易者只回测策略在过去 12 个月的表现，甚至有的人只会往前回测 3 个月。有人认为这样做是有道理的，但也有人认为这样不是一个稳妥的做法。

我们认为回测区间的长度应该根据经验进行选择。例如，对某一只股票进行回测时，如果发现这家公司 2001 年与另一家公司进行了合并，那么从 2000 年开始回测将不是一个很好的选择，因为在不久的将来这家公司可能会发生翻天覆地的变化。因此，在回测之前需要剔除数据明显不正常的时间区间，对于市场发生异常情况的时候也需要考虑是否应该剔除这一部分的数据。而对于商品期货数据来说，面临的通常是由于供求变化等造成的价格波动，需要进行长期的回测。

总体来说，市场 80%的时间都处于正常的状态，一个好的交易系统可以不需要知道怎么在市场异常时如何交易，但它需要知道市场什么时候风险太高。

三、避免前视偏差

前视偏差是指使用了交易完成之后的信息，通常也被称为使用了“未来数据”。例如，“在日最高点卖出”“在日最低点买入”“在收盘价低于18元时买入”等交易规则就是典型的采用未来数据的描述，因为在当日市场收盘前是不可能知道最高价、最低价和收盘价的。初学者还存在一种典型的情况就是在设计交易系统之前，用全部数据回归得来的系数产生线性回归模型，然后在同样的数据集里产生交易信号，这种回测方法也存在前视偏差。

避免前视偏差的一个有效办法就是采用带有“滞后”效应的历史数据或者指标。滞后数据意味着在计算当期交易信号时采用的数据都是已经存在的有效数据，例如在计算指数移动平均（EMA）等指标时，只使用“上一”交易时段的收盘价。在写Matlab程序进行回测的时候，特别是直接用持仓仓位序列与标的日收益序列按位相乘的时候，一定要仔细检查持仓信号的产生时间和日收益序列的对应时间是不是相差一期。

在下面程序段中，我们采用快速均线突破慢速均线就买入并持有，慢速均线突破快速均线就平仓的策略。MA5和MA20分别代表某只股票的5日和20日移动平均值，Ret代表该股票的日收益，在不考虑手续费和交易细节的前提下计算策略日收益的代码可以简写为：

```
Long=MA5>MA20;% 产生交易和持仓信号
StrategyRet=Long(1:end-1).* Ret(2:end);% 计算策略日收益
```

注意：由于移动平均线MA的计算过程中使用了当天的收盘价，所以实际交易只能发生在第二天，并且要求以开盘价买入，且Ret序列是采用开盘价和收盘价计算的日内收益。

四、避免过度拟合

众所周知，金融交易数据中存在相当大比例的噪音，由于过分迁就历史数据中的噪音而过度优化模型参数，造成策略的回测业绩虚高的情况称之为模型的“过度拟合”或“过度优化”，也被称为系统的“数据迁就偏差”。

一般地，优化交易系统意味着需要找到最适合输入系统中的变量，从而实现利润最大化或其他交易者需要达到的标准（比如减小最大回撤）。例如，如果你有一个移动平均线的交易系统，那么优化问题就是决定你使用的快速平均线和慢速平均线的参数各是多少天。“优化”的意义在于使你的交易系统更加适应你所要交易的市场，但优化也是一把双刃剑，一方面它可以帮助你的系统在风险和收益方面更加适应这个市场，但另一方面，这些“适合这个系统的参数”很有可能只是市场波动过程中偶然产生的效果，在长期并不具备盈利能力。

我们在阅读证券公司等机构研报的时候经常会发现他们动辄使用几百个因子去构造多因子模型，进而解释不同投资组合的超额收益并进行选股和预测，而诺贝尔经济学奖得主尤金·法玛在 2015 年发表于顶级期刊《金融经济学杂志》（*Journal of Financial Economics*）上的《五因子资产定价模型》（*A Five-Factor Asset Pricing Model*）一文却说只要 5 个因子就可以解释投资组合超额收益横截面差异的 71%~94%，这其中因子个数的差异可见一斑。

因此，在进行参数优化调整时需要进行稳健性检验，选择参数的时候也要尽量选择具有“好邻居”的那些数值，具体请见第四章。

五、多时间尺度回测

为了保证设计出的交易系统性能更稳定，进一步提升交易系统的盈利能力，我们需要进行两方面的工作：多时间尺度回测和蒙特卡洛模拟。这两种方法有一个共同的目标：产生构建开发系统时没有用到的样本外数据。

多时间尺度数据是获得样本外数据最简单的方法。它是将交易系统应用于同一市场、同样合约的数据，改变的只是时间尺度，例如，将日线周期的交易数据改为 5 分钟、10 分钟、30 分钟、120 分钟等周期的交易数据。

考虑前面所说的均线突破系统，在进行多时间尺度回测分析时，首先要确定一个时间尺度并构建以及检验在这个时间尺度上的交易系统，比如，我们先在 30 分钟周期的数据上建立交易系统并进行系统检验，然后将这个交易系统运用到不同的时间尺度上，即改变数据周期的长度，从 30 分钟变换到 5 分钟、10 分钟、120 分钟等。反复对这些不同时间尺度的交易数据进行回测并对比各项指标，就会发现用于表征交易信号产生的那些指标表现都很相似。因为这个系统的开平仓信号是由两条移动平均线计算出来的，所以我们是每 5 分钟计算一次、每 30 分钟计算一次还是每 120 分钟计算一次，并不会对这些指标产生很大的影响。但是尽管这些指标在性质上面表现的相似，但它们是从不同的时间尺度来考察这个市场。

尽管一个交易系统不可能在所有的时间尺度上都能表现得很好，但是只要它在部分连续的时间尺度上回测时，各项指标变化比较平稳，就能说明该系统在这个时间尺度范围内是稳定的。

六、蒙特卡洛模拟

另外一种产生样本外数据的方法叫作样本的重抽样（Resampling），

其中最著名的方法有两种：蒙特卡洛和 Bootstrapping[①]。简单地说，它们之间的差异在于，蒙特卡洛在进行样本的重抽样时是无放回的，而 Bootstrapping 是有放回的。

每一轮的蒙特卡洛模拟都是将日收益序列进行一次重新排序的过程，保证交易次数不变，任意调换交易的顺序，比如第 1 次交易可能被放到第 1000 次的位置上，而第 1000 次又被放到第 39 次的位置上。这种方法的关键在于所有的交易都被保留下来，没有被删除或者增加新的交易记录，这种排序方法也叫“原样本抽样”。而 Bootstrapping 的结果则可能是将某些交易重复若干次，而完全忽略掉另外一些交易的。

有很多人认为蒙特卡洛模拟是一种非常复杂的方法，只有那些专业的数学家才能理解它。事实是这个方法并没有那么困难，每个想要更加深入地了解策略效果的人都应该尝试这种方法。图 3-4 给出了某交易系统收益的蒙特卡洛模拟，中间加粗的部分是原始数据顺序情况下的净值曲线，图中只进行了 20 轮模拟。

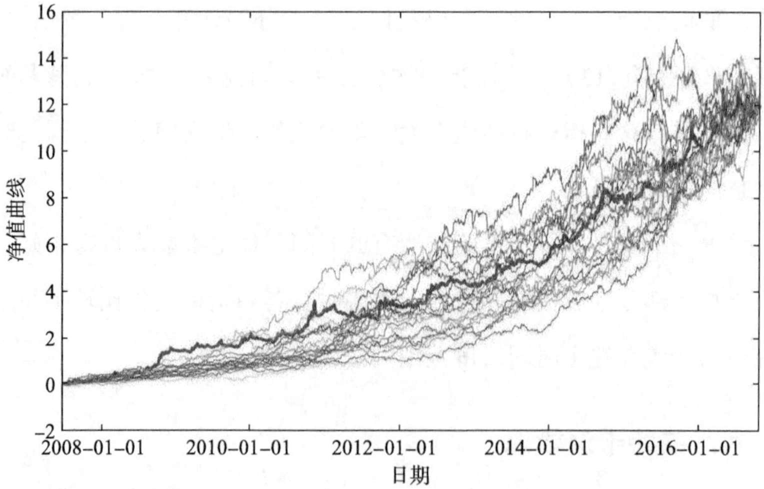

图 3-4　某交易系统收益效果的蒙特卡洛模拟

① Bootstrapping 的中文翻译有很多种：自举法、自助法、提靴法、拔靴法等。

图 3-4 展示原始策略的净值图以及 20 种改变顺序之后的净值图，可以看出它们有着相同的起始点以及结束点。图中的结果说明即使在变换交易的顺序之后，所有交易累积起来的最终结果时也是一样的，因为全部交易结果的总和并没有变化。但是，不同交易顺序得到的净值曲线不同，这些净值曲线之间最大的差异就在于它们最大回撤率和最长回撤期都不相同。当进行足够多次蒙特卡洛模拟之后，就可以获得该交易系统性能中最大回撤率和最长回撤期的概率分布情况。

对收益率序列进行蒙特卡洛模拟，并且输出模拟图及回撤数据的函数程序如下：①

```
function[MaxDD,MaxDDD]=Ret_MonteCarlo(Ret,Date,Times)
%% 本程序对收益率序列进行蒙特卡洛模拟,并返回每次模拟的最大回撤率和最长回撤期
    % 输入参数 Ret 交易系统收益率序列,数据类型为数值向量
    % Date 交易系统的日期序列,数据类型为日期相关向量
    % Times 总模拟次数
    % 输出参数 MaxDD  由每次模拟结果中最大回撤率组成的数值向量
    % MaxDDD 由每次模拟结果中最长回撤期组成的数值向量
      MaxDD=zeros(Times,1);
      MaxDDD=zeros(Times,1);
      Len=length(Ret);
      CumRet=cumprod(1+Ret)-1;
      DateNum=datenum(Date);
      plot(DateNum,CumRet,'LineWidth',2)
      xlim([min(DateNum),max(DateNum)])
```

① 注意，本程序中调用函数 Cal_MaxDrawDown 时，需要跳过其中的绘图语句。

```
    datetick('x','yyyymmdd')
    hold on
    for i=1:Times
        idx=randperm(Len);% 生成不重复的序号向量
        iret=Ret(idx);% 按新序号对收益序列进行排序
        icumret=cumprod(1+iret)-1;% 计算净值曲线
        [MaxDD(i),MaxDDD(i)]=Cal_MaxDrawDown(iret,
        Date);
        plot(DateNum,icumret);
    end
    ylabel('净值曲线')
    xlabel('日期')
end
```

需要提醒读者的是在进行蒙特卡洛模拟时，我们有如下的假设：收益率序列服从正态分布。然而实际中的金融市场却不是这样的，实际的金融交易数据更符合一种带有“肥尾”的正态分布，有些时间会出现一些大的波动，这些波动带来的收益或亏损是在正态分布曲线之外的。这些情况是没有办法用正态过程来预测的，所以蒙特卡洛模拟在这种情况下就会失效。为了在这种极端情况下也能获得合理可信的结果，可能需要选择比正态分布更加贴合实际的分布，甚至是几种分布的联合概率分布，这需要使用更加复杂的数学模型。

七、交易成本

在进行系统回测的时候，很多人常常会忽略交易成本，这种做法是不可取的。每次证券买卖都会产生成本，交易越频繁，交易成本对策略收益影响越大，如何在成本和交易次数之前进行权衡是一项重要的工作，保证单笔交易的平均收益高于交易成本是最基本的要求。

交易成本不仅包含券商等经纪商的佣金，还包括交易印花税、借款利率和其他流动性成本。其中的流动性成本是非常难以估算的，它指的是交易系统用市价单进行交易时支付的买卖差价。解决流动性成本的方法是利用限价单进行交易，但是要面临机会的丧失，一般的做法是设定一个滑点（Slippage），给予一定流动性的空间，而且也便于估计成本。另外，如果交易系统需要交易的金额总量特别大，而交易品种的流动性有限，那么很有可能对市场价格造成冲击。因此，对于一个交易系统来说，一定要选择流动性好的品种进行交易，或者尽量控制自己的持仓数量不能超过总持仓量的2%。

第二部分

交易系统优化初探

每一种交易策略都开始于简单的直觉，这种直觉可能来自交易时发现的规律，也可能来自对有价证券的充分认识，等等，但是这些直觉并不是全部都能转换为理想的交易系统，原因在于一方面它必须具有正确、合理的逻辑，不符合逻辑的交易策略是不可能长久有效的；另一方面，产生交易信号的指标也必须是可以量化的，计算机只能对数字进行运算，无法量化成数字的策略也就无法转变成交易系统。

由直觉转换成策略再转换成交易系统的过程看似简单，但是转换成的交易系统不一定具有广泛的适应性和稳定性，需要通过多方面的参数优化和稳健性检验。如果交易系统在进行各种优化和检验时都能够取得稳定收益，那么这个交易系统就可以进行模拟交易，甚至是小额的实盘交易了。

由于本书编写的目的是介绍交易系统设计和优化的流程和理念，而不是对于投资策略的探讨，所以我们会从一个非常基础的策略开始，向读者们展示如何将它一步步转变为具有盈利能力的交易系统的全过程。

本部分主要介绍交易策略开仓和平仓的几种优化方法。通过代码和图形示范，读者们将会了解如何对

- 基本参数
- 静态止损和跟踪止损阈值
- 止盈阈值

进行优化。

第四章
参数优化

第一节　从简单的交易规则开始

相信大部分人初识证券交易时，接触到的第一个交易规则就是双回望期均线突破策略（在国外也被称为“Luxor 策略”），即快速线（例如 5 日均线）上穿慢速线（例如 20 日均线）时平空仓开多仓，反之，快速线下穿慢速线时平多仓开空仓。这个策略的意义很直观且容易实现：快速线代表了短期平均价格，慢速线代表了长期平均价格，当快速线从小于慢速线变化为大于慢速线时，说明价格出现了上涨的趋势，此时应该平空仓买多仓；当快速线从大于慢速线变化为小于慢速线时，说明价格出现了下跌的趋势，应该平掉多仓卖出空仓并持有。

或许有的读者会产生疑问，移动平均线还有许多种计算方法，如指数移动平均（EMA）、三角移动平均（TMA）等，为什么本书要采用最简单的算术移动平均呢？这是因为尽管大家普遍认为这些修正后的算法是对均线计算方法的改进，但在实际交易系统开发时，不同的计算方法对不同的市场和合约的适用性是不一样的，而且实盘交易时的计算速度和执行速度也能够创造效益，因此应该选择最适合、最高效的方法，而不是最复杂的方法。本书之所以采用这种简单的交易策略做示范，同时也是想向读者们传递一个信息：交易系统并不是越复杂越烦琐就越好。

但是这也不代表这个交易规则不需要改动，现实中由于常常会有假突破的情况出现，因此本书的例子中增加了对于开仓信号的二次确认，即当快速线上穿慢速线之后记录当时 K 线的最高价作为开多仓信号点，如果后来的价格能够再次高于该点则开多仓；当慢速线下穿快速线之后记录当时 K 线的最低价作为开空仓信号点，如果后来的价格能再次低于该点则开空仓；平仓的规则不变。

这个简单的均线突破策略的理论开平仓过程如图 4-1 所示，尽管初看起来这些开平仓的点都不是最佳的位置，但是这些点却都是能够通过简单的量化方法选取到的，而且能够通过本书中的参数优化方法进行调整，而其他看似更好的开平仓位置在实际交易中却很难被预测和交易到。

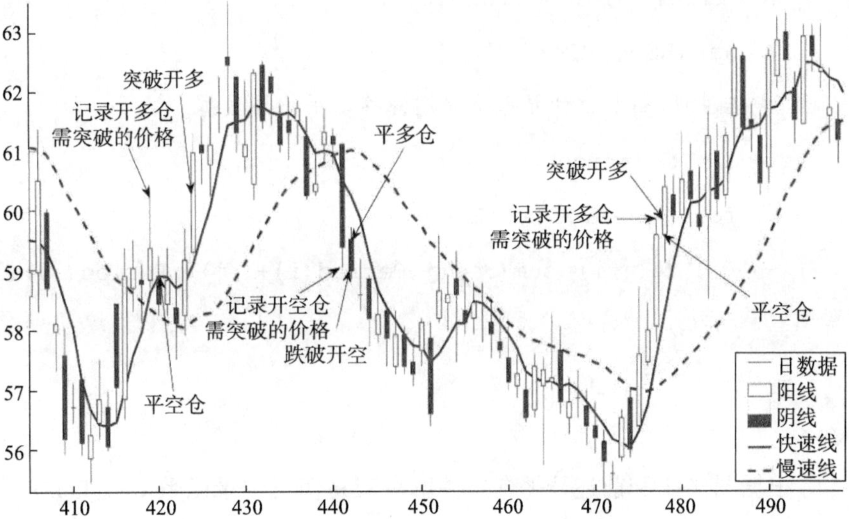

图 4-1　交易系统开平仓示意图

在对这个简单的交易系统进行回测之前，首先需要构造一个计算移动平均线数据的函数，[①] 以便将来反复调用。[②] 利用该函数可以快速、

① 当然也可以利用 matlab 自带的 tsmovavg 函数进行计算。

② 为了节约篇幅，书中的所有程序省略了对输入参数数据类型的检验和转换等步骤。

方便地计算出任何一个时间序列数据的多条移动平均线数值。

```
function MA=MovAvg(Seq,Period)
%% 本函数用来计算某一数据向量的单周期或多周期简单移动平均线数据。
    % 输入变量:Seq 为向量,为待计算的时间序列数据;Period 可以是数值标量或向量,指定算术移动平均的回望期。
    % 输出变量:MA 为向量或矩阵,代表 Period 中每个元素对应回望期上的 MA 数据。
    % 初始化参数
    [RSeq,~]=size(Seq);
    [RPeriod,~]=size(Period);
    MA=nan(RSeq,RPeriod);
        % 按周期个数计算每个周期的移动平均线数据。
    for i=1:RPeriod
        for j=Period(i):RSeq
            MA(j,i)=sum(Seq(j-Period(i)+1:j))/Period(i);
        end
    end
end
```

根据图 4-1 和前述开平仓条件编写交易信息记录函数 Gen_Luxor_Trade_Info 如下:①

```
function Trade_Info=Gen_Luxor_Trade_Info(Data,Paras)
%% 记录均线交易系统的每笔交易数据。
    % 输入变量:Data 数据类型为 table,包含时间、高开低收和交易
```

① 这里假设了投资者可以在开平仓信号出来的同时以同样的价格买入或者卖出，没有考虑合约流动性的问题，对于大资金量的交易来说要非常小心。

量数据;Paras 数据类型为结构体,包含了全部策略参数和预设值。

```
% 输出变量 Trade_Info 数据类型为 table,包含了每根 K 线对应的交易行为和持仓信息。
    [Rows,~]=size(Data);
    MA=MovAvg(Data.Close,[Paras.Fast Paras.Slow]);
    Data.Fast=MA(:,1);
    Data.Slow=MA(:,2);
    Data.Direction=sign(Data.Fast-Data.Slow);
    isCross=[0;Data.Direction(1:end-1).*Data.Direction
    (2:end)];
    % isCross 是判断均线在是否交叉的逻辑变量,
        InitPosition=Paras.InitPosition;
        MiniSlip=Paras.MiniSlip;
%% 定义数据容器并创建要记录的变量
    ZerosContainer=zeros(Rows,1);
    Data.Position=ZerosContainer;% 持仓量* 持仓方向
    Data.Status=ZerosContainer;% 1 开多仓,2 开空仓,3 平多
    仓,4 平空仓
    Data.Cost=ZerosContainer;% 开平仓成本
%% 临时变量
    isHolding=0;% 持仓状态:0 空仓;1 有持仓
    isPreparing=0;% 准备状态:0 不准备开仓;1 准备开仓
    LongPoint=0;% 多仓开仓价位
    ShortPoint=0;% 空仓开仓价位
%% 以下是主循环
```

```
for i=2:Rows
  % 首先需要判断当前是否有持仓
  if~isHolding  % 当前无持仓
    if isCross(i-1)==-1 && Data.Direction(i)~=0
    % 当期结束快慢线有交叉,记录开仓条件并修改准备交易状态
      switch Data.Direction(i)
        case 1 % 上穿准备开多仓
             LongPoint=Data.High(i);
             ShortPoint=0;
        case-1 % 下穿准备开空仓
             ShortPoint=Data.Low(i);
             LongPoint=0;
      end
      isPreparing=1;% 设置准备交易信号
    end
    if isPreparing % 具备开仓条件且均线无交叉
      if LongPoint && Data.High(i)>LongPoint
      % 第 i-1 期快线在慢线之上,且第 i 期最高价高于多仓开仓价
      if Data.Open(i)<LongPoint
      % 如果开盘价低于多仓开仓价,以多仓开仓价+滑点开仓
      Data{i,{'Position','Status','Cost'}}=[Init-
      Position 1 LongPoint+MiniSlip];
      elseifData.Open(i)>=LongPoint
      % 如果开盘价高于多仓开仓价,以开盘价+滑点开仓(高
      开的情况)
      Data{i,{'Position','Status','Cost'}}=[Init-
```

```
Position 1 Data.Open(i)+MiniSlip];
  end
  isHolding=1;
  isPreparing=0;
  LongPoint=0;
elseif ShortPoint && Data.Low(i)<ShortPoint
% 第 i-1 期快线在慢线之下,且第 i 期最低价低于空仓
开仓价,以下与多仓相反
  if Data.Open(i)>ShortPoint
     Data{i,{'Position','Status','Cost'}}=[-
     InitPosition 2 ShortPoint-MiniSlip];
  elseif Data.Open(i)<=ShortPoint
     Data{i,{'Position','Status','Cost'}}=[-
     InitPosition 2 Data.Open(i)-MiniSlip];
  end
  isHolding=1;
  isPreparing=0;
  ShortPoint=0;
end
  end
else% 当前有持仓
  if isCross(i)~=-1  % 第 i 期收盘时达不到平仓条
  件,继续持仓①
```

① 这里的平仓条件判断采用了第 i 期收盘才能计算出的数据,虽然看似用到了未来数据,但实际上只是隐含了收盘瞬间能够计算 MA 值并执行交易的假设。

```
    Data.Position(i)=Data.Position(i-1);
  else% 第 i 期达到平仓条件,用收盘价加减滑点平仓
    switch sign(Data.Position(i-1))
      case 1
        Data{i,{'Status','Cost'}}=[3 Data.Close(i)
        -MiniSlip];
      case-1
        Data{i,{'Status','Cost'}}=[4 Data.Close(i)
        +MiniSlip];
    end
    isHolding=0;% 平仓后将持仓状态清零,并准备反向
    开仓条件
    switch Data.Direction(i)
      case 1
        LongPoint=Data.High(i);
        ShortPoint=0;
      case-1
        ShortPoint=Data.Low(i);
        LongPoint=0;
    end
    isPreparing=1;
  end
end
if i==Rows && Data.Position(i)% 最后一根 K 线平所
有持仓
```

```
        switch Data.Status(i)
          case 0 % 有持仓
            Data.Cost(i)=Data.Close(i);
            switch Data.Position(i)
              case 1
                Data.Status(i)=3;
              case-1
                  Data.Status(i)=4;
            end
          case{1,2}% 触发开仓
             Data{i,{'Position','Status','Cost'}}=
             zeros(1,3);
        end
      end
end
% 平仓的当期仍然持有仓位
Data.Position(Data.Status==3)=InitPosition;
Data.Position(Data.Status==4)=-InitPosition;
% 计算每期持仓权益变化①
Data.OpenEquity=Data.Position.*Data.Open*Paras.Unit;
Data.CloseEquity=Data.Position.*Data.Close*Paras.Unit;
Data.HighEquity=Data.Position.*Data.High*Paras.Unit;
Data.LowEquity=Data.Position.*Data.Low*Paras.Unit;
```

① 利用该函数计算的权益数据中，对于开仓当期的数据来说，开仓权益 OpenEquity、最高权益 HighEquity 和收盘权益 CloseEquity 是确定的，因为这些数据是顺序产生的，而最低权益 LowEquity 是不确定的，需要注意。

```
    % 保存并返回交易信息
    Trade_Info=Data(:,{'Date','Time','Close','Position',
    'Status','Cost','OpenEquity','CloseEquity','
                HighEquity', 'LowEquity'} );
end
```

该程序的输入变量包括行情数据 Data 和参数数据 Paras，它们的数据类型和结构如图 4-2 和图 4-3：

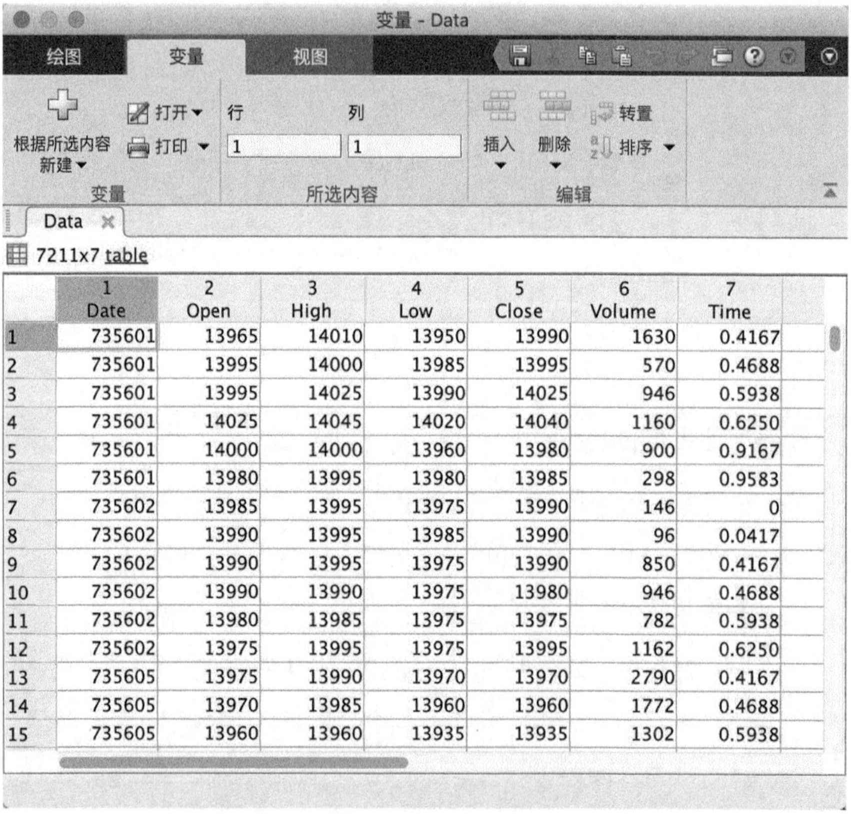

	1 Date	2 Open	3 High	4 Low	5 Close	6 Volume	7 Time
1	735601	13965	14010	13950	13990	1630	0.4167
2	735601	13995	14000	13985	13995	570	0.4688
3	735601	13995	14025	13990	14025	946	0.5938
4	735601	14025	14045	14020	14040	1160	0.6250
5	735601	14000	14000	13960	13980	900	0.9167
6	735601	13980	13995	13980	13985	298	0.9583
7	735602	13985	13995	13975	13990	146	0
8	735602	13990	13995	13985	13990	96	0.0417
9	735602	13990	13995	13975	13990	850	0.4167
10	735602	13990	13990	13975	13980	946	0.4688
11	735602	13980	13985	13975	13975	782	0.5938
12	735602	13975	13995	13975	13995	1162	0.6250
13	735605	13975	13990	13970	13970	2790	0.4167
14	735605	13970	13985	13960	13960	1772	0.4688
15	735605	13960	13960	13935	13935	1302	0.5938

图 4-2　行情数据 Data 示例

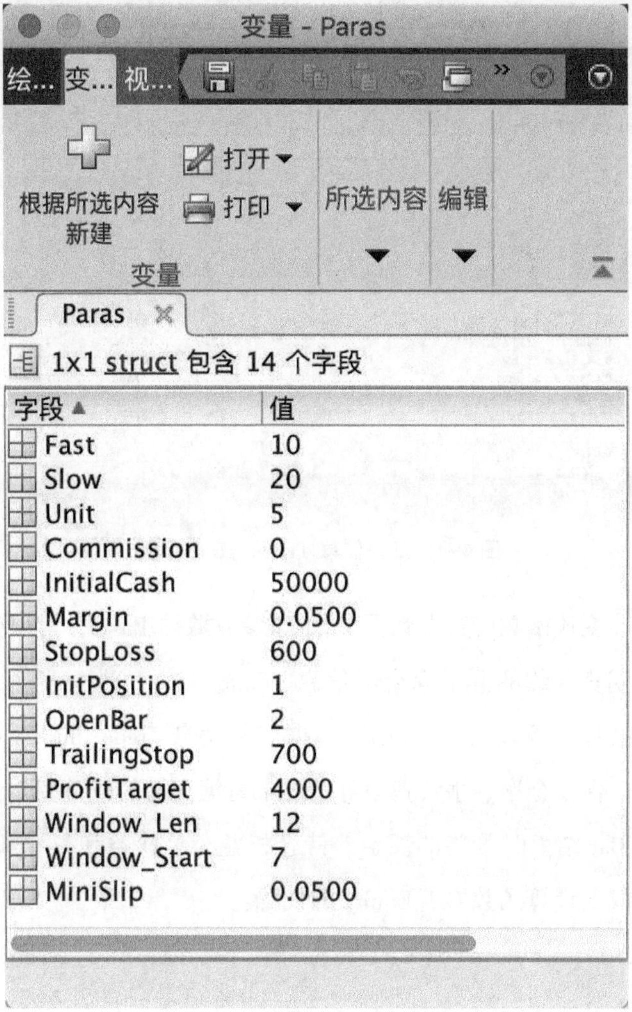

图 4-3　参数数据 Paras 示例

对 Paras 赋值并调用 Gen_Luxor_Trade_Info 函数可以得到均线策略的交易信息 Trade_Info（如图 4-4 所示），该结果中标记了每条交易数据对应的持仓量、方向、成本和权益信息等数据。

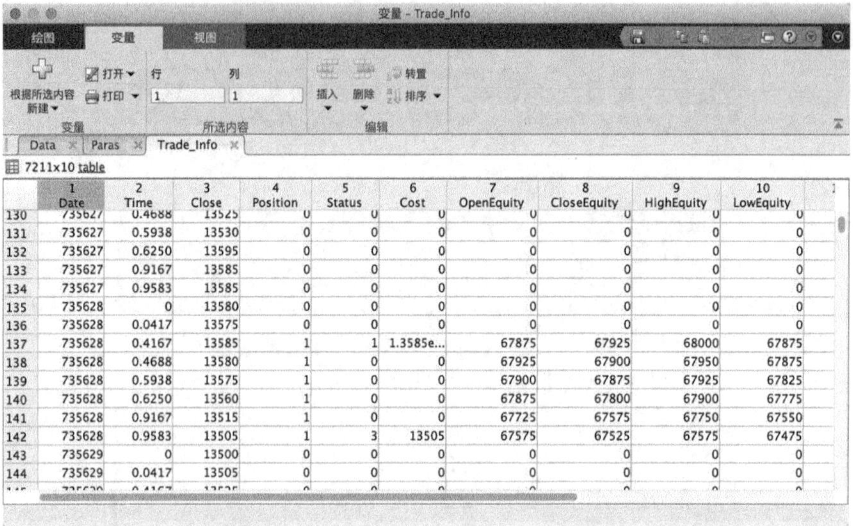

变量 - Trade_Info

7211x10 table

	1 Date	2 Time	3 Close	4 Position	5 Status	6 Cost	7 OpenEquity	8 CloseEquity	9 HighEquity	10 LowEquity
130	735627	0.4688	13525	0	0	0	0	0	0	0
131	735627	0.5938	13530	0	0	0	0	0	0	0
132	735627	0.6250	13595	0	0	0	0	0	0	0
133	735627	0.9167	13585	0	0	0	0	0	0	0
134	735627	0.9583	13585	0	0	0	0	0	0	0
135	735628	0	13580	0	0	0	0	0	0	0
136	735628	0.0417	13575	0	0	0	0	0	0	0
137	735628	0.4167	13585	1	1	1.3585e...	67875	67925	68000	67875
138	735628	0.4688	13580	1	0	0	67925	67900	67950	67875
139	735628	0.5938	13575	1	0	0	67900	67875	67925	67825
140	735628	0.6250	13560	1	0	0	67875	67800	67900	67775
141	735628	0.9167	13515	1	0	0	67725	67575	67750	67550
142	735628	0.9583	13505	1	3	13505	67575	67525	67575	67475
143	735629	0	13500	0	0	0	0	0	0	0
144	735629	0.0417	13505	0	0	0	0	0	0	0

图 4-4　交易信息 Trade_ Info 示例

通过改变该函数的行情数据 Data 和参数数据 Paras，可以生成不同的股票或期货合约的开平仓交易信息 Trade_Info。① 进一步地，我们可以编写权益计算函数 Cal_Equity，根据交易信息 Trade_Info 计算在不同初始资金、保证金率、手续费率等情况下每笔交易的权益变化情况，并记录每个 Bar 结束时策略的现金、持仓权益、总权益和盈亏额等数据。下面给出权益计算函数 Cal_Equity 的代码：

```
function Equity_Info=Cal_Equity(Trade_Info,Paras)
%% 本函数通过 Trade_Info 和 Paras 计算在不同初始资金、保证金率和手续费率等条件下的权益变化。
    % 输入变量:交易信息数据 Trade_Info 和参数结构体 Paras。
    % 输出变量:Equity_Info 数据类型为 table,包含了持仓和交易信息。
%% 初始化变量
        InitialCash=Paras.InitialCash;
```

① 目前国内股票只能单边买多，利用该程序回测时需要进行一定的修改。

```
    Unit=Paras.Unit;
    Margin=Paras.Margin;
    Commission=Paras.Commission;
    Full_TradeInfo=Trade_Info;
   % 删除无持仓数据
    idxNoTrades=Trade_Info.Position==0;
    Trade_Info(idxNoTrades,:)=[];
   % 增加容器和统计项目
    Len=size(Trade_Info,1);
    Trade_Info.Cash=zeros(Len,1);  % 现金
    Trade_Info.Earning=zeros(Len,1);  % 持仓损益
    Trade_Info.TotalEquity=zeros(Len,1);  % 总权益
%% 主循环
    for i=1:Len
      iPosition=Trade_Info.Position(i);
      iCost=Trade_Info.Cost(i);
     HoldingEquity=abs(iPosition)* iCost* Unit;% 持仓权益
      if i==1 % 第一次开仓
        Trade_Info.Cash(i)=InitialCash-HoldingEquity*
        (Margin+Commission);
        % 现金=初始资金-保证金-手续费
          Trade_Info.TotalEquity(i) = InitialCash -
          HoldingEquity* Commission+
        Trade_Info.CloseEquity(i)-iPosition* iCost* Unit;
        % 总权益=初始资金-手续费+当期损益
        Trade_Info.Earning(i)=Trade_Info.CloseEquity
```

```
        (i)-iPosition* iCost* Unit;
        % 当期持仓损益
    else
      LastCash=Trade_Info.Cash(i-1);
      LastCloseEquity=Trade_Info.CloseEquity(i-1);
      LastTotalEquity=Trade_Info.TotalEquity(i-1);
      iCloseEquity=Trade_Info.CloseEquity(i);
      switch Trade_Info.Status(i)
        case 0 % 持仓无变化,计算当期持仓损益和总权益
            Trade_Info{i,{'Cash','Earning','TotalEquity
            '}}=[LastCash, iCloseEquity - LastClose -
            Equity,LastTotalEquity+iCloseEquity-Last-
            CloseEquity];
        case {1,2}% 开仓
            Trade_Info{i,{'Cash','Earning','TotalEquity
            '}}=[LastCash-HoldingEquity*(Margin+Commis-
            sion), iCloseEquity - iPosition * iCost *
            Unit,LastTotalEquity-HoldingEquity*Com-
            mission+iClose
            Equity-iPosition* iCost* Unit];
        case {3,4,5,6,7}% 平仓
            Trade_Info{i,{'Cash','Earning','TotalEquity
            '}} = [LastTotalEquity + iCloseEquity - Last-
            CloseEquity - HoldingEquity * Commission,
            iCloseEquity-LastCloseEquity,LastTotalEquity
            +iCloseEquity-LastCloseEquity-HoldingEquity
            * Commission];
```

```
            end
          end
        end
%%重新将删除的数据补齐
        Equity_Info=outerjoin(Trade_Info,Full_TradeInfo,
        'mergekeys',true);
        Lens=length(Equity_Info.Cash);
        for i=1:Lens
          if i==1&&~Equity_Info.Position(i)
            Equity_Info{i,{'Cash','Earning','TotalEquity'}}=
            [InitialCash,0,InitialCash];
          else
            iLastCash=Equity_Info.Cash(i-1);
            if isnan(Equity_Info.Cash(i))&&isnan(Equity_
            Info.TotalEquity(i))
              Equity_Info{i,{'Cash','Earning','TotalEquity'}}=
              [iLastCash,0,iLastCash];
            end
          end
        end
%%计算净值和单期收益率
        Equity_Info.NetValue=Equity_Info.TotalEquity/Ini-
        tialCash;
        Equity_Info.BarRet=[0;Equity_Info.NetValue(2:
        end)./Equity_Info.NetValue(1:end-1)-1];
end
```

Cal_Equity 函数的功能是将 Trade_Info 表格进行扩展，增加了现金

Cash、持仓损益 Earning、持仓权益 Totalequity、净值 Netvalue 和收益率 BarRet 数据，并生成表格类型文件 Equity_Info，其具体结构见图 4-5：

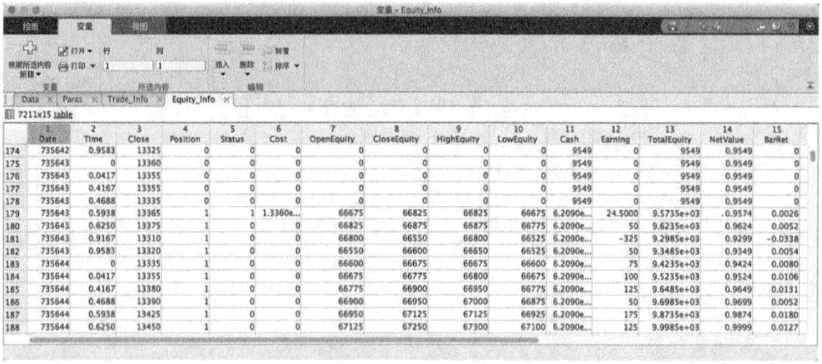

	1 Date	2 Time	3 Close	4 Position	5 Status	6 Cost	7 OpenEquity	8 CloseEquity	9 HighEquity	10 LowEquity	11 Cash	12 Earning	13 TotalEquity	14 NetValue	15 BarRet
174	735642	0.9583	13325	0	0	0	0	0	0	0	9549	0	9549	0.9549	0
175	735643	0	13360	0	0	0	0	0	0	0	9549	0	9549	0.9549	0
176	735643	0.0417	13355	0	0	0	0	0	0	0	9549	0	9549	0.9549	0
177	735643	0.4167	13355	0	0	0	0	0	0	0	9549	0	9549	0.9549	0
178	735643	0.4688	13335	0	0	0	0	0	0	0	9549	0	9549	0.9549	0
179	735643	0.5938	13365	1	1	1.3360e...	66675	66825	66825	66675	6.2090e...	24.5000	9.5735e+03	.0.9574	0.0026
180	735643	0.6250	13375	1	0	0	66825	66875	66875	66775	6.2090e...	50	9.6235e+03	0.9624	0.0052
181	735643	0.9167	13310	1	0	0	66800	66550	66800	66525	6.2090e...	-325	9.2985e+03	0.9299	-0.0338
182	735643	0.9583	13320	1	0	0	66550	66600	66650	66525	6.2090e...	50	9.3485e+03	0.9349	0.0054
183	735644	0	13335	1	0	0	66600	66675	66675	66600	6.2090e...	75	9.4235e+03	0.9424	0.0080
184	735644	0.0417	13355	1	0	0	66675	66775	66800	66675	6.2090e...	100	9.5235e+03	0.9524	0.0106
185	735644	0.4167	13380	1	0	0	66775	66900	66950	66775	6.2090e...	125	9.6485e+03	0.9649	0.0131
186	735644	0.4688	13390	1	0	0	66900	66950	67000	66875	6.2090e...	50	9.6985e+03	0.9699	0.0052
187	735644	0.5938	13425	1	0	0	66950	67125	67125	66925	6.2090e...	175	9.8735e+03	0.9874	0.0180
188	735644	0.6250	13450	1	0	0	67125	67250	67300	67100	6.2090e...	125	9.9985e+03	0.9999	0.0127

图 4-5 权益信息 Equity_ Info 示例

交易信息生成函数 Gen_Luxor_Trade_Info 和权益计算函数Cal_Equity 是整个回测系统的基础，以下所有的工作都围绕着这两个函数的运行结果进行。

第二节 对交易系统的评价

利用权益计算函数 Cal_Equity 的结果 Equity_Info，我们可以获得均线策略在原始参数下的收益率序列，再调用上一章介绍的两个重要指标的函数 Cal_SharpeRatio 和 Cal_MaxDrawDown 进行交易系统的初步评价。

为了能够从多仓和空仓两个方向上对均线交易系统进行测试，我们选择上海期货交易所中的铝期货主力连续合约（SHFE. AL）作为投资标的进行回测。该合约交易标的为纯度为 99. 7%的纯铝，定价单位为吨，每手合约 5 吨，涨跌停板幅度为上一交易日结算价的 3%，交易所保证金率 5%。

首先下载行情数据并导入 Matlab，时间跨度为 2014 年 1 月 1 日到

2019 年 12 月 31 日，数据频率为 1 小时 Bar 数据。[①] 为了测试系统的样本外投资能力，回测范围为 2014 年 1 月 1 日到 2017 年 12 月 31 日，交易系统参数初步设为：Fast=5，Slow=20，初始资金 50 000 元。[②]

以下首先给出策略评价函数 Evaluation 和交易统计函数 TradesStats 的代码，再给出整个回测过程的示例代码。函数 Evaluation 主要是将函数 Cal_MaxDrawDown 和 Cal_SharpeRatio 进行整合，并记录相关数据，具体内容如下：

```
function Performance=Evaluation(Equity_Info,Nt,Rf)
%%本函数利用 Equity_Info 中的收益率序列计算交易系统的绩效指标。
  %输入变量:Equity_Info 为权益信息记录,Nt 为时间尺度系数,Rf 为年化无风险收益率。
  %输出变量:结构体 Performance,包含年化收益率、夏普比率、最大回撤率、最长回撤期和净值等数据。
    RetSeq=Equity_Info.BarRet;
    DateSeq=Equity_Info.Date;
        %默认日数据计算绩效
    if nargin<2
        Nt=252;
        Rf=0;
        end
    [MaxDD,MaxDDD,DD]=Cal_MaxDrawDown(RetSeq);
    [SR,AR]=Cal_SharpeRatio(RetSeq,Rf,Nt);
```

① 也可以采用更高频率上的小时或分钟数据。

② 以 2014 年 1 月 2 日收盘价 14 040 元计算，每手保证金为 14 040×5×0.05=3510 元，资金使用率为 7.02%，持仓市值为 70200 元，实际杠杆为 1.4 倍。

```
    Performance.MaxDD=MaxDD;
    Performance.MaxDDD=MaxDDD;
    Performance.DD=DD;
    Performance.SR=SR;
    Performance.AR=AR;
    Performance.NetValue=Equity_Info.NetValue;
    Performance.Date=DateSeq;
End
```

系统评价函数 Evaluation 结果的 Performance 是结构体（Structure）数据，构造如图 4-6 所示：

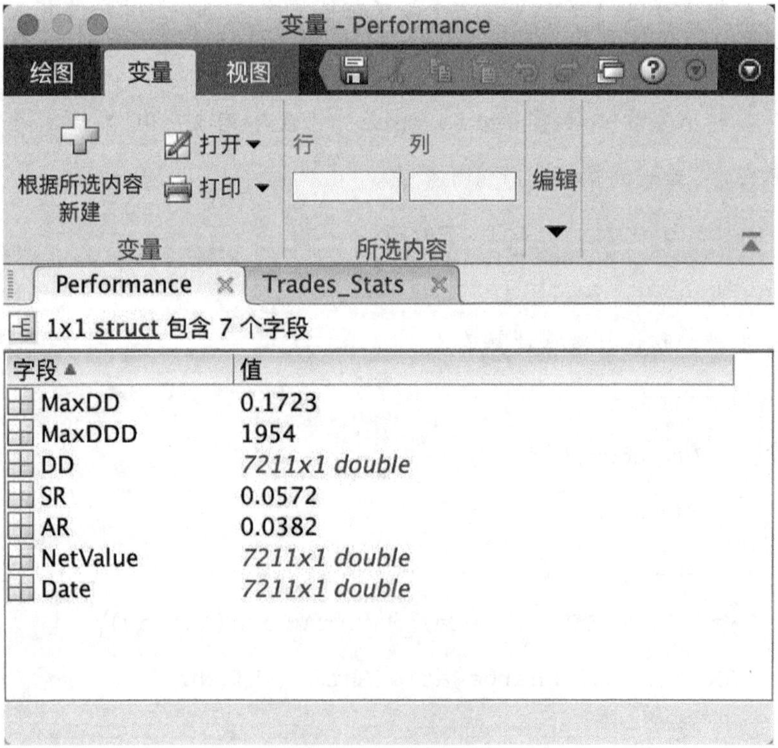

图 4-6　绩效指标 Performance 示例

其中，回撤率序列 DD、净值序列 NetValue 和日期序列 Date 都是列向量，可供绘图和进行蒙特卡洛模拟使用。

在计算这些基本的绩效指标之外，还有很多其他的指标可以帮助我们综合地评价交易系统，因此需要对每笔交易过程中的各种细节进行整理和统计。这个过程可以通过两个函数实现：第一个函数 Gen_Trades_Info 将交易信息数据 Trade_Info 中多余的信息剔除，只留下我们感兴趣的关键信息 Trades，包含开仓时间、开仓成本、平仓时间、平仓成本、持仓方向、持仓周期长度、离场方式（止损、止盈等）和盈亏等；第二个函数 Trades_Stats 是利用 Trades 中的数据计算出各种其他过程指标，并按照多空进行分类统计。

交易信息整理函数 Gen_Trades_Info 的代码如下：

```
function Trades=Gen_Trades_Info(Trade_Info)
%% 本函数将 Trade_Info 中的按时间记录的数据整理成按笔记录的
形式。
    % 输入变量是交易信息记录表 Trade_Info。
    % 输出变量是整理好的交易记录表 Trades。
    Len=size(Trade_Info,1);
    TotalTrades=sum(Trade_Info.Status>2);
    % Status>2 代表了当期有平仓交易,用这个索引能够简单直接地
计算出平仓次数即为交易次数。
    VariableNames={'OpenTime','CloseTime','OpenCost',
    'CloseCost','Side','BarNum','Exit','Earnings'};
    Trades_Mat=zeros(TotalTrades,length(VariableNames));
    Trades = array2table (Trades _Mat, ' VariableNames ',
    VariableNames);
    count=0;% 计数器
```

```
for i=1:Len
    switch Trade_Info.Status(i)
    case 0
      if Trade_Info.Position(i)
        Trades{count,'BarNum'}=Trades{count,'BarNum'}+1;
      end
    case{1,2}
      count=count+1;
      Trades{count,{'OpenTime','OpenCost','BarNum',
      'Side'}}=[Trade_Info.Date(i) Trade_Info.Cost
      (i)1Trade_Info.Status(i)];
    case{3,4,5,6,7}% 5,6,7 三种离场方式在下一章介绍
      Trades{count,{'CloseTime','CloseCost','BarNum',
      'Exit'}}=[Trade_Info.Date(i) Trade_Info.Cost(i)
      Trades.BarNum(count)+1
      Trade_Info.Status(i)];
    end
end
%% 以下记录每笔交易中的动态权益变化
IntraTradeSeq=cell(TotalTrades,4);
for j=1:TotalTrades
    jstart=Trades.OpenTime(j);
    jend=Trades.CloseTime(j);
    idx=Trade_Info.Date>=jstart&Trade_Info.Date<=jend;
    % 记录持仓过程中的收盘权益、最高权益、最低权益和持仓量
    IntraTradeSeq{j,1}=Trade_Info.CloseEquity(idx);
```

```
            IntraTradeSeq{j,2}=Trade_Info.HighEquity(idx);
            IntraTradeSeq{j,3}=Trade_Info.LowEquity(idx);
            IntraTradeSeq{j,4}=Trade_Info.Position(idx);
            % 记录权益变化
            EquityIdx=circshift(idx,-1)|idx;
            EquitySeq=Trade_Info.TotalEquity(EquityIdx);
            Trades.Earnings(j)=EquitySeq(end)-EquitySeq(1);
        end
    %% 将权益的动态数据存入输出结果中
        Trades.CloseEquity=IntraTradeSeq(:,1);
        Trades.HighEquity=IntraTradeSeq(:,2);
        Trades.LowEquity=IntraTradeSeq(:,3);
        Trades.PositionSeq=IntraTradeSeq(:,4);
    end
```

按笔记录的交易数据 Trades 为表格数据，其构造如图 4-7：

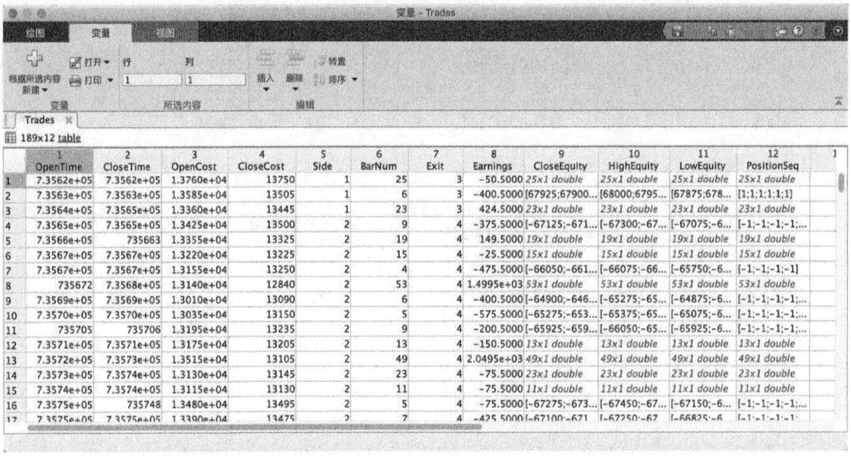

	1 OpenTime	2 CloseTime	3 OpenCost	4 CloseCost	5 Side	6 BarNum	7 Exit	8 Earnings	9 CloseEquity	10 HighEquity	11 LowEquity	12 PositionSeq
1	7.3562e+05	7.3562e+05	1.3760e+04	13750	1	25	3	-50.5000	25x1 double	25x1 double	25x1 double	25x1 double
2	7.3563e+05	7.3563e+05	1.3585e+04	13505	1	6	3	-400.5000	[67925;67900...	[68000;6795...	[67875;678...	[1;1;1;1;1;1]
3	7.3564e+05	7.3565e+05	1.3360e+04	13445	1	23	3	424.5000	23x1 double	23x1 double	23x1 double	23x1 double
4	7.3565e+05	7.3565e+05	1.3425e+04	13500	2	9	4	-375.5000	[-67125;-671...	[-67300;-67...	[-67075;-6...	[-1;-1;-1;-1;...
5	7.3566e+05	735663	1.3355e+04	13325	2	19	4	149.5000	19x1 double	19x1 double	19x1 double	19x1 double
6	7.3567e+05	7.3567e+05	1.3220e+04	13225	2	15	4	-25.5000	15x1 double	15x1 double	15x1 double	15x1 double
7	7.3567e+05	7.3567e+05	1.3155e+04	13250	2	4	4	-475.5000	[-66050;-661...	[-66075;-66...	[-65750;-6...	[-1;-1;-1;-1]
8	735672	7.3568e+05	1.3140e+04	12840	2	53	4	1.4995e+03	53x1 double	53x1 double	53x1 double	53x1 double
9	7.3569e+05	7.3569e+05	1.3010e+04	13090	2	6	4	-400.5000	[-64900;-646...	[-65275;-65...	[-64875;-6...	[-1;-1;-1;-1;...
10	7.3570e+05	7.3570e+05	1.3035e+04	13150	2	5	4	-575.5000	[-65275;-653...	[-65375;-65...	[-65075;-6...	[-1;-1;-1;-1;...
11	735705	735706	1.3195e+04	13235	2	9	4	-200.5000	[-65925;-659...	[-66050;-65...	[-65925;-6...	[-1;-1;-1;-1;...
12	7.3571e+05	7.3571e+05	1.3175e+04	13205	2	13	4	-150.5000	13x1 double	13x1 double	13x1 double	13x1 double
13	7.3572e+05	7.3573e+05	1.3515e+04	13105	2	49	4	2.0495e+03	49x1 double	49x1 double	49x1 double	49x1 double
14	7.3573e+05	7.3574e+05	1.3130e+04	13145	2	23	4	-75.5000	23x1 double	23x1 double	23x1 double	23x1 double
15	7.3574e+05	7.3574e+05	1.3115e+04	13130	2	11	4	-75.5000	11x1 double	11x1 double	11x1 double	11x1 double
16	7.3575e+05	735748	1.3480e+04	13495	2	5	4	-75.5000	[-67275;-673...	[-67450;-67...	[-67150;-6...	[-1;-1;-1;-1;...
17	7.3575e+05	7.3575e+05	1.3390e+04	13475	2	7	4	-425.5000	[-67100;-671	[-67250;-67	[-66825;-6	[-1;-1;-1;-1;

图 4-7　每笔交易记录 Trades 示例

交易统计函数 Trades_Stats 可以利用 Trades 中的每笔交易记录统计整体、多仓和空仓交易的各 19 种绩效指标，这些绩效指标包括总净盈亏、总盈利、总亏损、盈利因子、交易次数、盈利交易占比、盈利次数、亏损次数、平均交易盈亏、平均盈利交易利润、平均亏损交易损失、最大盈利、最大亏损、最长连续盈利时间、最长亏损连续时间、平均持仓时间、平均盈利交易持仓时间和平均亏损交易持仓时间等，代码如下：

```
function Trades_Stats=Trades_Stats(Trades)
%% 本函数将 Trades 中记录的单笔交易信息数据进行整理,生成综合指标表格。
    VariableNames={'All','Long", Short'};
    RowNames=
     {'Total_Net_Profit','Gross_Profit','Gross_Loss',
     'Profit_Factor','Total_Num_of_Trades','Percent_Prof-
     itable','Winning_Trades','Losing_Trades','Avg_Trade
     _Net_Profit','Avg_Winning_Trade','Avg_Losing_Trade
     ','Avg_Win_to_Avg_Loss','Lagest_Winning_Trade',
     'Largest_Losing_Trade','Max_Consecutive_Winning_
     Trades','Max_Consecutive_Losing_Trades','Avg_Bars_
     in_Total_Trades','Avg_Bars_in_Winning_Trades','Avg
     _Bars_in_Losing_Trades'};
    Cols=length(VariableNames);
    Rows=length(RowNames);
    Trades_Stats = array2table (nan (Rows, Cols), 'Vari-
    ableNames',VariableNames,'RowNames',RowNames);
    % 生成各种索引
    Len=size(Trades,1);
```

```
AllIdx=true(Len,1);% 全部交易索引
LongIdx=Trades.Side==1;% 多仓交易索引
ShortIdx=Trades.Side==2;% 空仓交易索引
Idx=[AllIdx,LongIdx,ShortIdx];
ProfitIdx=Trades.Earnings>=0;% 盈利交易索引
LossIdx=Trades.Earnings<0;% 亏损交易索引
% 主循环
for i=1:Cols
    idx=Idx(:,i);
    iProfitIdx=idx & ProfitIdx;
    iLossIdx=idx & LossIdx;
    iTimes=sum(idx);
    Trades_Stats{'Total_Net_Profit',i}=sum(Trades.
    Earnings(idx));
    Trades_Stats{'Gross_Profit',i}=sum(Trades.Earnings
    (iProfitIdx));
    Trades_Stats{'Gross_Loss',i}=sum(Trades.Earnings
    (iLossIdx));
    Trades_Stats{'Profit_Factor',i}=Trades_Stats{'Gross_
    Profit',i}/abs(Trades_Stats{'Gross_Loss',i});
    Trades_Stats{'Total_Num_of_Trades',i}=iTimes;
    Trades_Stats{'Winning_Trades',i}=sum(iProfitIdx);
    Trades_Stats{'Losing_Trades',i}=sum(iLossIdx);
    Trades_Stats{'Percent_Profitable',i}=
    Trades_Stats{'Winning_Trades',i}/Trades_Stats
    {'Losing_Trades',i};
```

```
Trades_Stats{'Avg_Trade_Net_Profit',i}=…
Trades_Stats{'Total_Net_Profit',i}/Trades_Stats
{'Total_Num_of_Trades',i};
Trades_Stats{'Avg_Winning_Trade',i}=…
Trades_Stats{'Gross_Profit',i}/Trades_Stats{'Win-
ning_Trades',i};
Trades_Stats{'Avg_Losing_Trade',i}=…
abs(Trades_Stats{'Gross_Loss',i}/Trades_Stats
{'Losing_Trades',i});
Trades_Stats{'Avg_Win_to_Avg_Loss',i}=…
Trades_Stats{'Avg_Winning_Trade',i}/Trades_
Stats{'Avg_Losing_Trade',i};
if sum(iProfitIdx)
  Trades_Stats{'Lagest_Winning_Trade',i}=max
  (Trades.Earnings(iProfitIdx));
end
if sum(iLossIdx)
  Trades_Stats{'Largest_Losing_Trade',i}=min
  (Trades.Earnings(iLossIdx));
end
Trades_Stats{'Avg_Bars_in_Total_Trades',i}=mean
(Trades.BarNum(idx));
Trades_Stats{'Avg_Bars_in_Winning_Trades',i}=
mean(Trades.BarNum(iProfitIdx));
Trades_Stats{'Avg_Bars_in_Losing_Trades',i}=
mean(Trades.BarNum(iLossIdx));
```

```
        % 计算最长连续盈利和亏损次数
        iConSecWin=0;
        itempWin=0;
        iConSecLoss=0;
        itempLoss=0;
        Trades_idx=Trades(idx,:);
        Len_idx=size(Trades_idx,1);
        for j=1:Len_idx
          if Trades_idx.Earnings(j)>=0
            itempWin=itempWin+1;
            itempLoss=0;
          else
            itempLoss=itempLoss+1;
              itempWin=0;
            end
            iConSecWin=max(iConSecWin,itempWin);
            iConSecLoss=max(iConSecLoss,itempLoss);
          end
          Trades_Stats{'Max_Consecutive_Winning_Trades',
          i}=iConSecWin;
          Trades_Stats{'Max_Consecutive_Losing_Trades',i}=
          iConSecLoss;
        end
end
```

利用该函数整理出的交易绩效指标 Trades_Stats 的内部结构如图 4-8 所示：

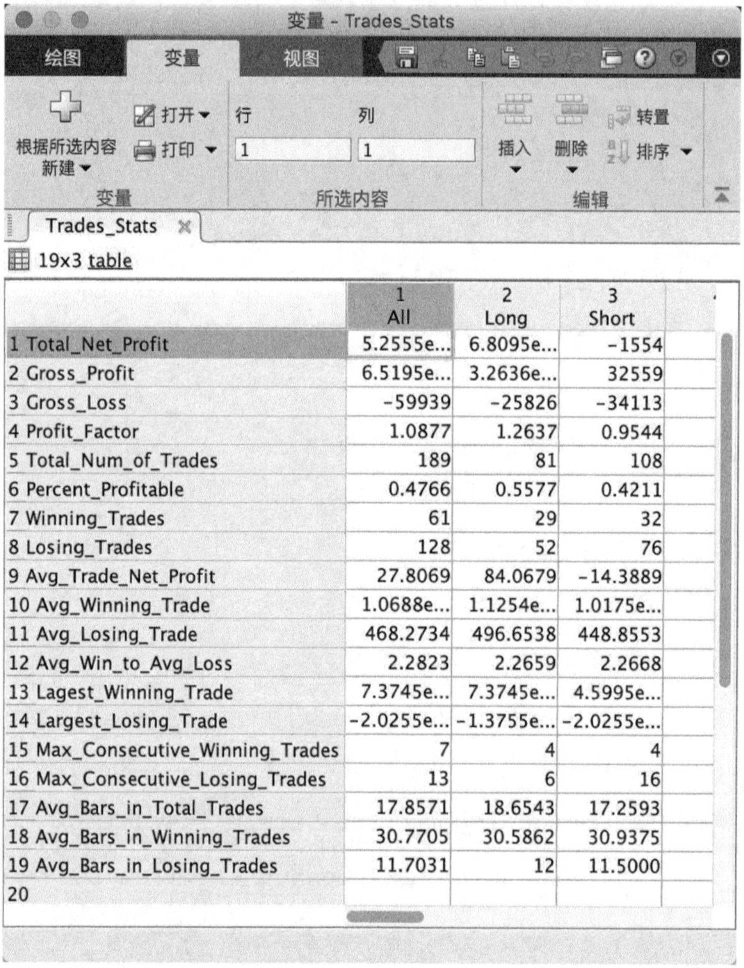

	1 All	2 Long	3 Short
1 Total_Net_Profit	5.2555e...	6.8095e...	-1554
2 Gross_Profit	6.5195e...	3.2636e...	32559
3 Gross_Loss	-59939	-25826	-34113
4 Profit_Factor	1.0877	1.2637	0.9544
5 Total_Num_of_Trades	189	81	108
6 Percent_Profitable	0.4766	0.5577	0.4211
7 Winning_Trades	61	29	32
8 Losing_Trades	128	52	76
9 Avg_Trade_Net_Profit	27.8069	84.0679	-14.3889
10 Avg_Winning_Trade	1.0688e...	1.1254e...	1.0175e...
11 Avg_Losing_Trade	468.2734	496.6538	448.8553
12 Avg_Win_to_Avg_Loss	2.2823	2.2659	2.2668
13 Lagest_Winning_Trade	7.3745e...	7.3745e...	4.5995e...
14 Largest_Losing_Trade	-2.0255e...	-1.3755e...	-2.0255e...
15 Max_Consecutive_Winning_Trades	7	4	4
16 Max_Consecutive_Losing_Trades	13	6	16
17 Avg_Bars_in_Total_Trades	17.8571	18.6543	17.2593
18 Avg_Bars_in_Winning_Trades	30.7705	30.5862	30.9375
19 Avg_Bars_in_Losing_Trades	11.7031	12	11.5000
20			

图 4-8　交易绩效指标 Trades_ Stats 示例

进行一次回测和评价过程的代码如下：

```
Trade_Info=Gen_Luxor_Trade_Info(Data,Paras);

Equity_Info=Cal_Equity(Trade_Info,Paras);

Performance=Evaluation(Equity_Info,Nt,Rf);

Trades=Gen_Trades_Info(Equity_Info);

Trades_Stats=Trades_Stats(Trades)
```

在不计算手续费和滑点的情况下，对交易策略的原始参数进行回测，并记录各项绩效指标见表 4.1 和表 4.2：

表 4.1 原始参数的绩效指标一

指标	夏普比率	最大回撤率	最大回撤期	年化收益率
原始参数	0.0572	17.23%	1964 小时	3.82%

表 4.2 原始参数的绩效指标二

指标	全部交易	多仓交易	空仓交易
总净利润	5255.50	6809.50	-1554.00
总盈利	65194.50	32635.50	32559.00
总亏损	-59939.00	-25826.00	-34113.00
盈利因子	1.09	1.26	0.95
总交易次数	189	81	108
盈利比例	0.48	0.56	0.42
盈利交易次数	61	29	32
亏损交易次数	128	52	76
净利润平均	27.81	84.07	-14.39
平均盈利	1068.76	1125.36	1017.47
平均亏损	468.27	496.65	448.86
平均盈亏比	2.28	2.27	2.27
单次最大盈利	7374.5	7374.5	4599.5
单次最大亏损	-2025.5	-1375.5	-2025.5
最长盈利持续时间	7	4	4
最长亏损持续时间	13	6	16
单次交易平均持仓周期	17.86	18.65	17.26
盈利交易平均持仓周期	30.77	30.59	30.94
亏损交易平均持仓周期	11.70	12.00	11.50

绘制净值曲线图和回撤率柱状图如图 4-9 所示：

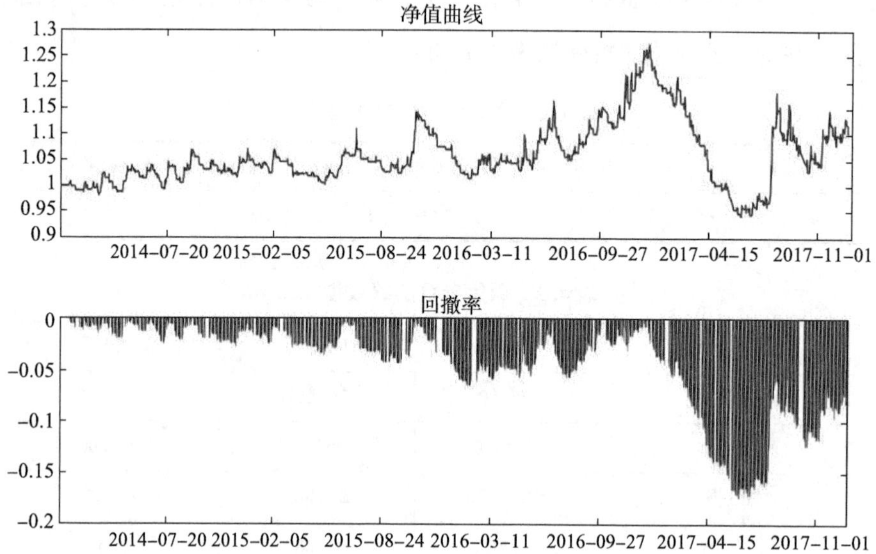

图 4-9　原始策略净值曲线图和回撤率柱状图

在不考虑交易成本的情况下，该交易系统看似能够获得一定的利润，但是如果我们考虑每笔交易开平仓各 0.02%的手续费和 1 个最小变动价格的滑点后，各项策略回测指标发生了较大变化，具体见表 4.3 和表 4.4。

表 4.3　含手续费和滑点时的绩效指标一

指标	夏普比率	最大回撤率	最大回撤期	年化收益率
原始参数	0.0572	17.23%	1954 小时	3.82%
含手续费和滑点	-0.1931	19.59%	1954 小时	-0.00045%

表 4.4　含手续费和滑点时的绩效指标二

指标	全部交易	多仓交易	空仓交易
总净利润	-2249.43	3605.20	-5854.63
总盈利	62817.18	31498.44	31318.74
总亏损	-65066.61	-27893.24	-37173.37
盈利因子	0.97	1.13	0.84

续表

指标	全部交易	多仓交易	空仓交易
总交易次数	189	81	108
盈利比例	0.45	0.53	0.40
盈利交易次数	59	28	31
亏损交易次数	130	53	77
净利润平均	-11.90	44.51	-54.21
平均盈利	1064.70	1124.94	1010.28
平均亏损	500.51	526.29	482.77
平均盈亏比	2.13	2.14	2.09
单次最大盈利	7328.01	7328.01	4566.47
单次最大亏损	-2074.80	-1418.17	-2074.80
最长盈利持续时间	7	4	4
最长亏损持续时间	17	10	16
单次交易平均持仓周期	17.86	18.65	17.26
盈利交易平均持仓周期	31.05	30.75	31.32
亏损交易平均持仓周期	11.87	12.26	11.60

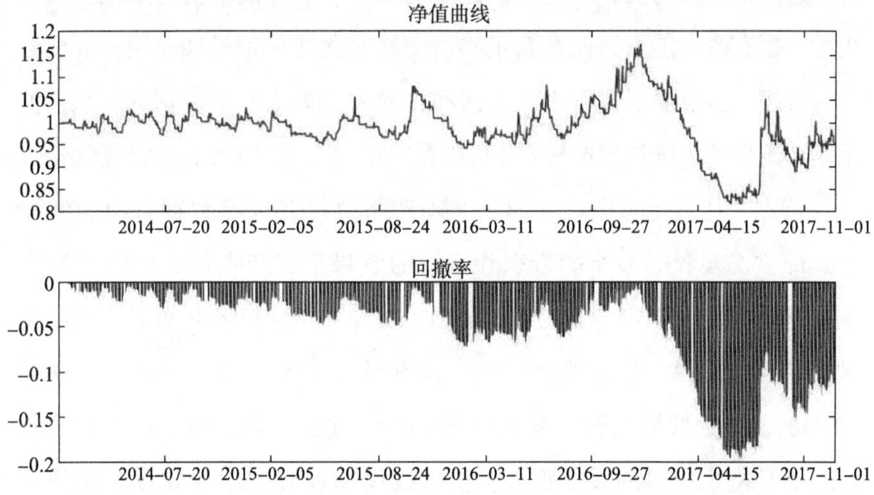

图 4-10　含手续费和滑点时的净值曲线图和回撤率柱状图

从表 4.3、表 4.4 和图 4-10 可以看出，尽管交易决策没有发生变化，但是由于增加了交易成本，系统的绩效大幅度下降。这个简单的交易策略面临着收益率低、波动剧烈、回撤较大等问题，但是通过本书提供的多方面多层次的优化方法可以将系统调整到一个令人满意的程度。

第三节　交易系统的参数优化

首先要提醒所有读者注意的是：所有的参数优化都是“事后”优化的结果，也就是说，这种方法优化得到的“最优参数”可能只对回测时采用的历史行情数据有效，并不一定是（甚至很可能不是）未来的“最优参数”。因此，在构建一个交易系统时，优化过的参数可能是最好的朋友，也可能是最坏的敌人。

造成这种情况的主要原因之一是金融交易数据中包含了大量由异质性交易者产生的噪音。从信号处理的角度看，金融时间序列中平均的信号比甚至可能低于 50%，因此，回测结果过于完美的参数组合很有可能存在过度拟合的情况，即包含了过多的噪音信息，使得交易系统只对历史的数据有盈利能力，而在真正实盘交易时无法保证长期获利，甚至会产生亏损。虽然要通过很多种方法和检验才能确定一组合适的参数，但是本节给出的系统参数选择方法可以在一定程度上避免出现参数的误选。

首先，在进行参数优化时，必须对系统的各项参数都有明确的概念，即改变参数的大小能带来什么样的效果，或产生什么样的不良影响，这样有助于确定参数的有效范围。例如对于本章的双回望期均线突破交易系统来说，快速线回望期的范围设置在 5~100，慢速线设置在 20~200，快速线周期设置太大会导致均线过于平滑，很难产生交易信号，而且持仓权益的波动很大，慢速线周期设置太小会导致频繁开平仓，让交易成本过多地吞噬利润。

其次，对于不同的交易系统而言，使用多长时间段的数据、从什么范围进行优化等问题可能会有不同的答案，但有一点是可以确定的：最优参数应该处于一个“较优参数的区域”，而不是一个孤立的点，这也就是我们所说的“好邻居原则”（Good Neighborhoods Principle）。在一个较大范围内选择交易系统指标时，通常会构造指标之间的网格组合，并一一进行回测，比较每种组合夏普比率的变化，选择一个夏普比率较高且较为平坦的区域作为进一步优化的范围。

对于双回望期均线突破交易系统来说，它的两个基础参数包括快速线回望期 Fast 和慢速线回望期 Slow，因此可以通过绘制三维曲面图直观地选择进一步优化的范围。首先要在一个较大范围内对两个参数的取值进行范围选择，我们以 Fast=5：5：100①，Slow=20：10：200，且 Slow>Fast 作为条件，所构造的 380 个参数组合的夏普比率、年化收益率和最大回撤率数据，并绘制三维曲面图如图 4-11 所示。

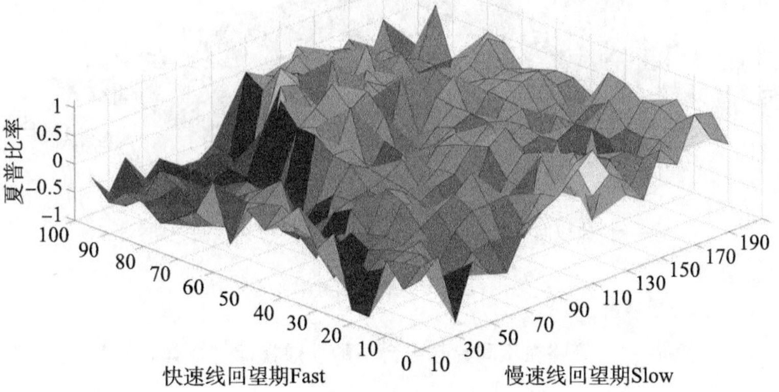

（a）夏普比率

图 4-11　策略在不同参数组合下的绩效指标（立体）②

① 在 Matlab 语言中，5：5：100 表示一个数据序列，三个位置上的数字分别代表最小值、增加幅度和最大值，所以该序列包含了 20 个元素，分别为 5、10、15……100。

② 由于 Fast=Slow 的情况下无法产生交易信号，所以这种情况下，为了绘图方便，所有的绩效指标都置零。

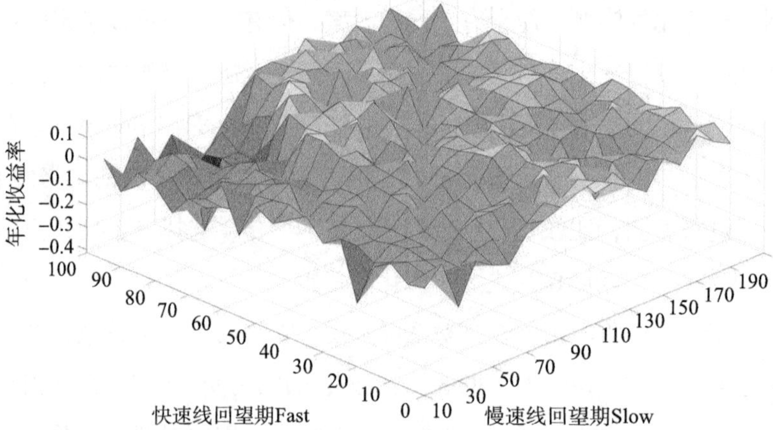

（b）年化收益率

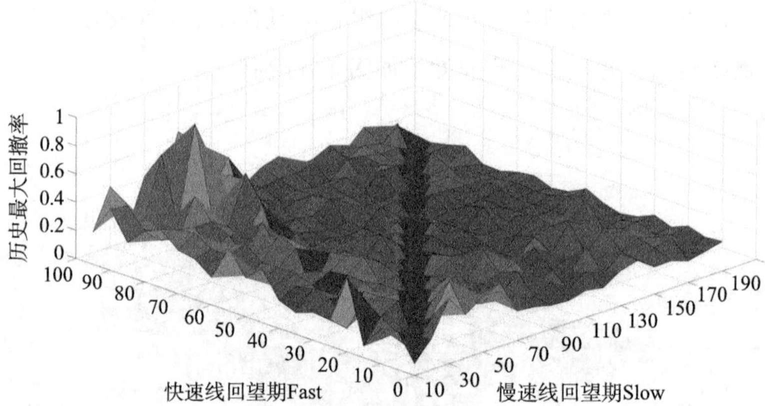

（c）历史最大回撤率

图 4-11　策略在不同参数组合下的绩效指标（立体）（续）

图 4-12 给出了图 4-11（a）中夏普比率立体图的平面图，为了确定一个组稳健的参数，我们先对所有参数组合回测结果的夏普比率进行比较，图中标记了①（Fast = 80，Slow = 120，SR = 1.031）、②（Fast = 70，Slow = 100，SR = 1.057）、③（Fast = 5，Slow = 120，SR = 1.138）和④（Fast = 5，Slow = 180，SR = 1.076）

的四组参数组合都得到了超过 1 的夏普比率，可以作为我们的备选。然后我们利用“好邻居原则”进行周边组合数据对比发现，①和④附近的其他组合都出现了负夏普比率，不满足该原则。最后在②和③中进行选择，由于②这组参数快慢线参数差异较小，它的高夏普比率可能较少的交易次数所导致的，另外从周边“邻居”组合夏普比率的数值范围上看，②的范围明显大于③，所以最终选择③处的参数 Fast = 5，Slow = 120。

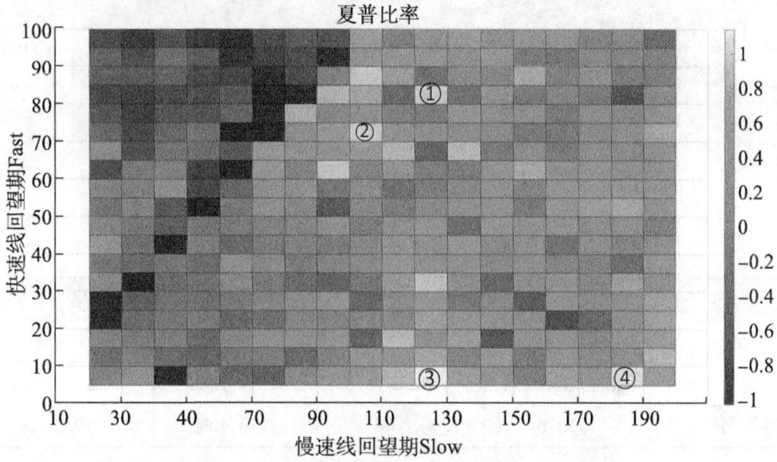

图 4-12　不同参数组合下的夏普比率（大范围）

在③这个范围内采用同样的方法进一步计算各参数组合的绩效指标并进行分析，选择 Fast = 5：1：20，Slow = 110：1：130 进行回测，夏普比率的平面图如图 4-13 所示。

在图 4-13 中可以看出，快速线参数 Fast = 5 ~ 9，慢速线 Slow = 119 ~ 122 时系统表现较好，这种情况下我们一般会取偶数、5 或者 10 的整数倍，建议取值 Fast = 6，Slow = 120 这对参数，本书以下内容均按照这组参数进行回测。

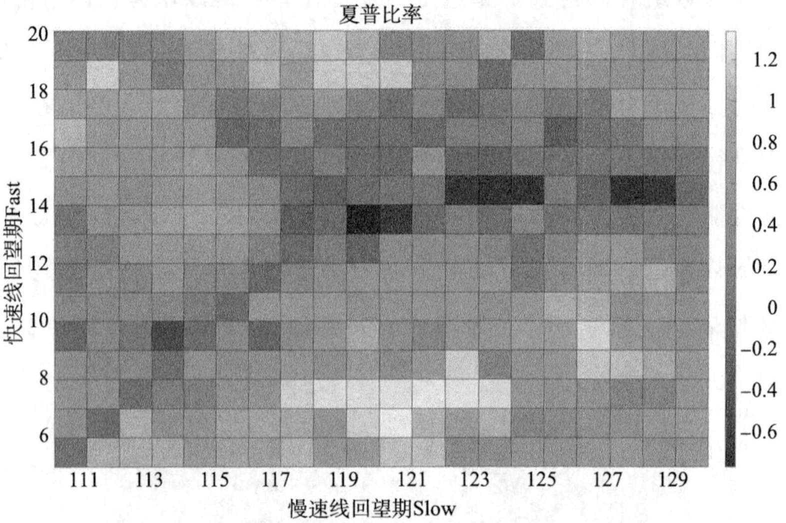

图 4-13　不同参数组合下的夏普比率（小范围）

表 4.5　参数优化后的绩效指标一

指标	夏普比率	最大回撤率	最大回撤期	年化收益率
原始参数	0.0572	17.23%	1954 小时	3.82%
含手续费和滑点	−0.1931	19.59%	1954 小时	−0.00045%
参数优化后	1.3376	6.44%	1170 小时	19.25%

表 4.6　参数优化后的绩效指标二

指标	全部交易	多仓交易	空仓交易
总净利润	46961.78	21775.99	25185.79
总盈利	65408.05	31789.08	33618.97
总亏损	−18446.27	−10013.09	−8433.18
盈利因子	3.55	3.17	3.99
总交易次数	47	23	24
盈利比例	0.88	0.92	0.85
盈利交易次数	22	11	11
亏损交易次数	25	12	13

续表

指标	全部交易	多仓交易	空仓交易
净利润平均	999.19	946.78	1049.41
平均盈利	2973.09	2889.92	3056.27
平均亏损	737.85	834.42	648.71
平均盈亏比	4.03	3.46	4.71
单次最大盈利	9203.07	9203.07	8353.38
单次最大亏损	-2024.84	-2024.84	-1667.55
最长盈利持续时间	4	4	4
最长亏损持续时间	6	5	5
单次交易平均持仓周期	97.68	91.43	103.67
盈利交易平均持仓周期	180.95	161.09	200.82
亏损交易平均持仓周期	24.40	27.58	21.46

表4.5对比了该交易系统在参数优化前后的绩效指标，经过参数优化之后，该交易系统的绩效有了质的飞跃：年化收益率提高了6倍，最大回撤率降低了2/3，最大回撤期缩短了60%，夏普比率从负值提高到了1.3376。表4.6与表4.4相比，多仓交易的净盈利从3605.20元显著提高到21775.99元，空仓交易的净盈利从-5854.63元增加到25185.79元，并由此带动总盈利因子从0.97上升到3.55，总净利润从亏损大幅提高到46961.78元。由于选择了较大的回望期，总交易次数从189次降低到47次，说明参数优化有效地提高了开平仓的准确程度。

图4-14给出了参数优化后交易系统的净值曲线图和回撤率柱状图，可以看出参数优化过的系统整体的表现有了很大改观，净值曲线整体处于上升的趋势。

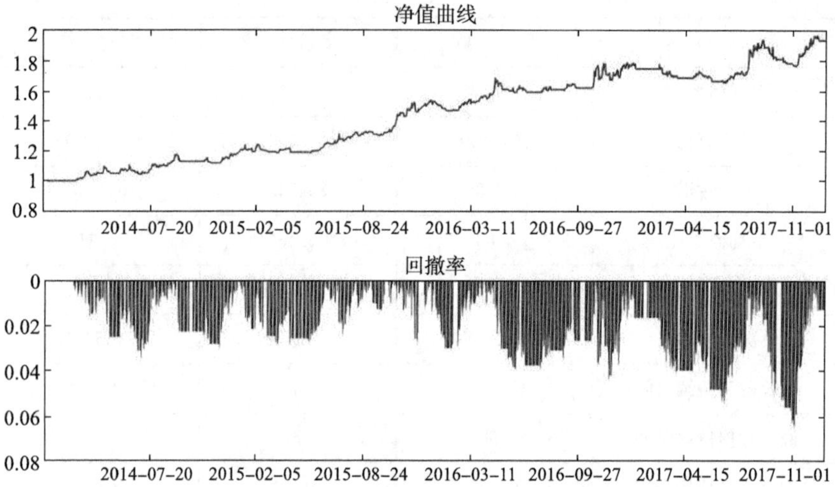

图 4-14 参数优化之后的净值曲线图和回撤率柱状图

第五章 止 损

参数优化旨在选择更为恰当的入场和离场点，但是离场的条件除了正常的策略规则之外，还应该包含一些风险管理的条款，从本章起开始介绍另外 3 种离场点的优化方法，分别是静态止损、跟踪止损和止盈。

本书中的“止损”包含了静态止损和跟踪止损两种方式，尽管它们是降低损失、提高收益的有效方法，但实际上并不是所有人都能够按照计划及时地执行止损。有的人是因为没有正确的止损原则，这类投资者心目中的止损阈值是凭个人风险偏好或者别人的经验随意设置的一个数目或者比例，常见的就是 8%或 10%；还有一些人无法严格按照止损阈值平仓，他们可能一直在心里默念“亏损 10%就离场……”也希望自己能够狠下心来斩仓，但实际上却因为怕离开市场后错失行情而不断调整自己的心理预期，直到无法忍受亏损时才肯罢休。

造成这种现象的主要原因是投资者很难将价格的正常波动和异常波动进行区分。正常的价格波动是需要忍受的，有利的异常波动是我们所期望的，只有不利的异常波动才是真正需要去止损的。因此，设置止损阈值的时候要避免采用过小的数据，这样只能造成频繁地平仓，浪费掉很多可以盈利的机会。

第一节 MAE与静态止损

本节介绍一种可视化方法对静态止损阈值进行量化研究，它的基本思路是对历史上每次交易中持仓权益的最大不利偏离程度（Maximum Adverse Excursion，MAE）和最终收益率进行统计并绘图，根据最大不利偏离程度条件下最终收益率的分布情况设置止损阈值。其中，最大不利偏离程度可以用持有过程中权益最大损失金额或者最大损失比例来替代。

计算MAE的思路是将Trades中每笔交易持仓过程中的最高价权益和最低价权益数据序列同时提取出来，根据当笔交易持仓的多空方向确定该笔交易持仓过程中出现的最大不利偏离程度。[①] 按照这个思路编写函数如下：

```
function[Earnings,MAE,MFE]=Cal_MAE_MFE(Trades,Paras)
    % 输入变量:Trades 数据结构是 table,记录了每次交易过程的信息;Paras 数据结构是 struct,包含了该系统的所有参数数据。
    % 输出变量:Earnings 为向量,给出了每笔交易的最终盈亏;MAE 为向量,给出每笔交易的 MAE 值;MFE 同 MAE。
    % 初始化参数
    Len=size(Trades,1);
    Unit=Paras.Unit;
    MAE=nan(Len,1);
    MFE=nan(Len,1);
    for i=1:Len
```

① 最大有利偏离程度（Maximum Favorable Excursion，MFE）的概念正好与MAE相反，因此放在同一个函数里进行计算。

```
        Side=Trades.Side(i);
        iCost=Trades.OpenCost(i)* Unit;
        switch iSide
          case 1
              MAE(i)=min(Trades.LowEquity{i})-iCost;
              MFE(i)=max(Trades.HighEquity{i})-iCost;
          case 2
              MAE(i)=min(Trades.HighEquity{i})+iCost;
              MFE(i)=max(Trades.LowEquity{i})+iCost;
        end
    end
    Earnings=Trades.Earnings;
end
```

利用全部持有期的最大不利偏离程度 MAE 和每期的持仓盈亏 Earnings 可以绘制交易系统的 MAE 图，图中横坐标为当笔交易最大不利偏离程度的绝对值，纵坐标为当笔交易最终盈亏的绝对值，并用空心菱形代表盈利的情况，实心圆形代表亏损的情况。绘图函数 Plot_MAE 的代码如下：

```
function Plot_MAE(Earnings,MAE)
%% 绘制系统 MAE 图,目的是将每次交易过程中出现的最大亏损和最终盈亏对应起来
    MAE(MAE>0)=0;
    MAE=abs(MAE);
    idx1=Earnings>0;% 最终盈利的交易索引
    idx2=Earnings<0;% 最终亏损的交易索引
    scatter(MAE(idx1),Earnings(idx1),100,'bd','unfilled')
```

```
    hold on
    scatter(MAE(idx2),abs(Earnings(idx2)),100,'ro','filled')
    % 为了能够同时展示,需要对亏损交易的Earnings取绝对值,并用
    颜色和图形进行区分
    xlabel('最大不利偏离程度(元)');
    ylabel('最终盈亏(元)');
end
```

由于MAE包含的数据是每次交易中的最大损失，所以在不考虑手续费的情况下，亏损持仓对应的收益率绝对值应小于等于MAE的绝对值，因此所有代表亏损持仓的下三角标记都在45度对角线以下，这条对角线被称作“损益分割线”,① 具体如图5-1所示。MAE图中的每个散点代表一次交易，图5-1上的点可以分为以下四类：第1类是纵坐标上的空心菱形代表交易的持仓过程中权益呈单边增长走势，不存在反向波动的情形，与止损无关；第2类是“损益分割线”上的实心星形代表了交易的持仓过程中权益呈单边下跌走势，不存在权益反弹的情形，是研究止损阈值的重点对象；第3类是除第1类之外其他的空心菱形代表持仓过程中权益出现过反向波动但是平仓后盈利的交易，这些点在进行止损阈值选择的时候要尽量保留；第4类是损益分割线下接近横轴的实心星形代表持仓过程中权益出现过大幅度的反向波动但最终亏损较低的情形，如果处理不当反而会降低系统的绩效。

上述四种情形中，明显对交易结果有利的是第1类和第3类中靠近纵坐标的点，最不利的是第2类的点，它们也是要研究止损的原因。如果我们设置一条如图中所示的止损线，则进行止损后，止损线右边的所有点（无论是菱形还是星形）将会集中在止损线和损益分割线的交点

① 图中有的亏损交易对应的散点处于损益分割线之上是因为考虑了手续费和滑点的缘故。

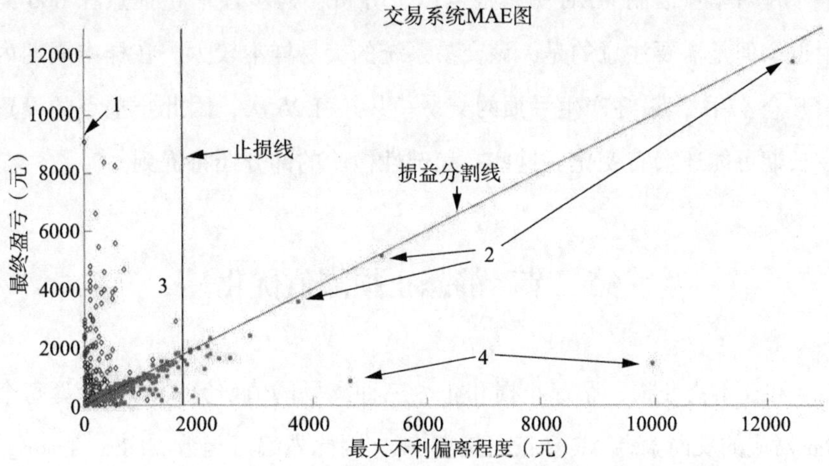

图 5-1　交易系统 MAE 图（示例）

上，这样的话，第 2 类点对应交易的损失会降低，但如果止损设置不恰当的话，第 4 类点对应的那些本来亏损很小的交易反而会录得较大的亏损。因此 MAE 图只能提供一个止损阈值的范围，而实际的止损需要通过对该范围内的参数进行回测才能得到。

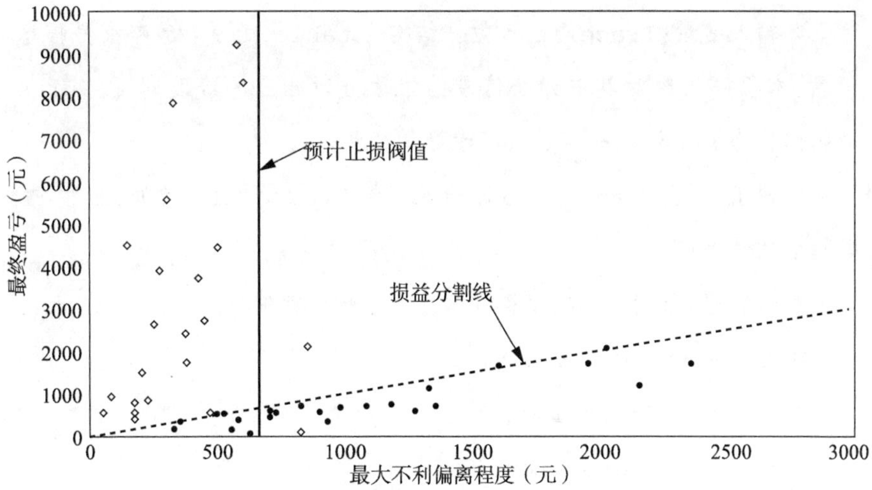

图 5-2　交易系统 MAE 图（本例）

针对本例绘制 MAE 图，根据以上分析，初步预估止损点在 600 元附近。但是需要注意的是，该交易系统的交易样本较少，在样本周期内只开仓 47 次，最终产生亏损的交易一共只有 25 次，因此止损点的设置在长期可能还会有变化，这些在稳健性检验的部分还将提到。

第二节　静态止损阈值优化

由于静态止损、跟踪止损和止盈三种离场阈值研究都需要计算每个 Bar 对应的反向偏离 AE 和正向偏离 FE，因此先编写函数 Modify_Trade_Info 对交易信息表 Trade_Info 进行补充，熟练的读者可以将这个函数与 Gen_Luxor_Trade_Info 函数合并：

```
function Modified_Trade_Info=Modify_Trade_Info(Trade_Info,Paras)
%%对 Trade_Info 进行补充,计算每个 Bar 的最大有利偏离 FE、最大不利偏离 AE 和持仓损益 Earnings。
    %输入变量:Trade_Info 数据结构为 table,是原始策略交易信息记录,本程序只要对其中开仓信号的位置进行相应的修改即可;Paras 数据结构为 struct,是存放策略参数的变量。
    %输出变量:Trade_Info 即输入变量 Trade_Info 增加 AE 和 FE 数据后的结果。
    %该程序在进行止损、止盈和跟踪止盈优化前使用
    Unit=Paras.Unit;
    Len=size(Trade_Info,1);
    Container=zeros(Len,1);
    Trade_Info.FE=Container;
    Trade_Info.AE=Container;
```

```
Trade_Info.Earnings=Container;
% 由于主循环中会对状态和成本进行修正,因此保留副本
Status=Trade_Info.Status;
Cost=Trade_Info.Cost;
% 填充每一个 Bar 的状态和成本
for i=2:Len
  if Trade_Info.Position(i)
    switch Trade_Info.Status(i)
      case 0 % 持仓状态没有发生变化,保留上一期持仓信息
        Trade_Info{i,{'Status','Cost'}}=…
             Trade_Info{i-1,{'Status','Cost'}};
      case{1,2}% 开仓不做改动
      case{3,4}% 平仓只修改成本
        Trade_Info{i,'Cost'}=Trade_Info{i-1,'Cost'};
      end
    end
end
% % 计算每个 Bar 的 FE 和 AE
LongIdx=sign(Trade_Info.Position)= =1;% 多仓索引
ShortIdx=sign(Trade_Info.Position)= =-1;% 空仓索引
Trade_Info.Earnings = abs (Trade _Info.Position). *
Trade_Info.CloseEquity-Trade_Info.Position. * Trade_
Info.Cost* Unit;
% 持仓损益等于收盘权益减去持仓成本
HighE=abs(Trade_Info.Position).*Trade_Info.HighEquity-
Trade_Info.Position.*Trade_Info.Cost* Unit;
```

```
    % 最高价损益等于最高价权益减去持仓成本
    LowE=abs(Trade_Info.Position).* Trade_Info.LowEquity-
    Trade_Info.Position.* Trade_Info.Cost* Unit;
    % 最低价损益等于最低价权益减去持仓成本
    Trade_Info.FE(LongIdx)=HighE(LongIdx);% 多仓的 FE 等
    于多仓的最高价损益
    Trade_Info.FE(ShortIdx)=LowE(ShortIdx);% 空仓的 FE
    等于空仓的最低价损益
    Trade_Info.AE(LongIdx)=LowE(LongIdx);% 多仓的 AE 等
    于多仓的最低价损益
    Trade_Info.AE(ShortIdx)=HighE(ShortIdx);% 空仓的 AE
    等于空仓的最高价损益
    % 根据定义将 FE 小于 0 和 AE 大于 0 的数据清零
    Trade_Info.FE(Trade_Info.FE<0)=0;
    Trade_Info.AE(Trade_Info.AE>0)=0;
    % 恢复状态和成本数据
    Trade_Info.Status=Status;
    Trade_Info.Cost=Cost;
    % 将开仓时的 AE 和 FE 置零
    idx=(Trade_Info.Status==1 |Trade_Info.Status==2);
    Trade_Info.FE(idx)=0;
    Trade_Info.AE(idx)=0;
    Modified_Trade_Info=Trade_Info;
end
```

经过补充的交易信息记录 Modified_Trade_Info 的内部结构如图 5-3 所示：

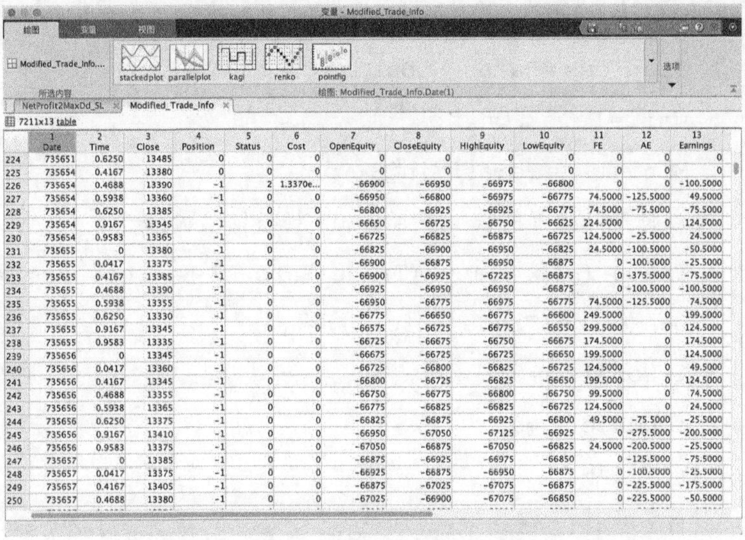

	1 Date	2 Time	3 Close	4 Position	5 Status	6 Cost	7 OpenEquity	8 CloseEquity	9 HighEquity	10 LowEquity	11 FE	12 AE	13 Earnings
224	735651	0.6250	13485	0	0	0	0	0	0	0	0	0	0
225	735654	0.4167	13380	0	0	0	0	0	0	0	0	0	0
226	735654	0.4688	13390	-1	2	1.3370e...	-66900	-66950	-66975	-66800	0	0	-100.5000
227	735654	0.5938	13360	-1	0	0	-66950	-66800	-66975	-66775	74.5000	-125.5000	49.5000
228	735654	0.6250	13385	-1	0	0	-66800	-66925	-66925	-66775	74.5000	-75.5000	-75.5000
229	735654	0.9167	13345	-1	0	0	-66650	-66725	-66750	-66625	224.5000	0	124.5000
230	735654	0.9583	13365	-1	0	0	-66725	-66825	-66875	-66725	124.5000	-25.5000	24.5000
231	735655	0	13380	-1	0	0	-66825	-66900	-66950	-66825	24.5000	-100.5000	-50.5000
232	735655	0.0417	13375	-1	0	0	-66900	-66875	-66950	-66875	0	-100.5000	-25.5000
233	735655	0.4167	13385	-1	0	0	-66900	-66925	-67225	-66875	0	-375.5000	-75.5000
234	735655	0.4688	13390	-1	0	0	-66925	-66950	-66950	-66875	0	-100.5000	-100.5000
235	735655	0.5938	13355	-1	0	0	-66950	-66775	-66975	-66775	74.5000	-125.5000	74.5000
236	735655	0.6250	13330	-1	0	0	-66775	-66650	-66775	-66600	249.5000	0	199.5000
237	735655	0.9167	13345	-1	0	0	-66575	-66725	-66775	-66550	299.5000	0	124.5000
238	735655	0.9583	13335	-1	0	0	-66725	-66675	-66750	-66675	174.5000	0	174.5000
239	735656	0	13345	-1	0	0	-66675	-66725	-66725	-66650	199.5000	0	124.5000
240	735656	0.0417	13360	-1	0	0	-66725	-66800	-66825	-66725	124.5000	0	49.5000
241	735656	0.4167	13345	-1	0	0	-66800	-66725	-66825	-66650	199.5000	0	124.5000
242	735656	0.4688	13355	-1	0	0	-66750	-66775	-66800	-66750	99.5000	0	74.5000
243	735656	0.5938	13365	-1	0	0	-66775	-66825	-66825	-66725	124.5000	0	24.5000
244	735656	0.6250	13375	-1	0	0	-66825	-66875	-66925	-66800	49.5000	-75.5000	-25.5000
245	735656	0.9167	13410	-1	0	0	-66950	-67050	-67125	-66925	0	-275.5000	-200.5000
246	735656	0.9583	13375	-1	0	0	-67050	-66875	-67050	-66825	24.5000	-200.5000	-25.5000
247	735657	0	13385	-1	0	0	-66875	-66925	-66975	-66850	0	-125.5000	-75.5000
248	735657	0.0417	13375	-1	0	0	-66925	-66875	-66950	-66875	0	-100.5000	-25.5000
249	735657	0.4167	13405	-1	0	0	-66875	-67025	-67075	-66875	0	-225.5000	-175.5000
250	735657	0.4688	13380	-1	0	0	-67025	-66900	-67075	-66850	0	-225.5000	-50.5000

图 5-3　修正后的交易信息记录 Modified_Trade_Info

接下来，我们就可以通过对 Modified_Trade_Info 中的 AE 数据与止损阈值进行对比，将达到标准的 Bar 数据中的 Status 和 Cost 进行修改，并删除该 Bar 之后旧的持仓数据，生成新的交易信息表 Trade_Info_StopLoss，再利用同样的步骤进行评估。这个根据不同止损阈值对 Modified_Trade_Info 进行修改的函数 Gen_StopLoss_Trade_Info 代码如下：

```
function Trade_Info_StopLoss = Gen_StopLoss_Trade_Info
(Modified_Trade_Info,Paras)
%%根据 Paras 中的 StopLoss 参数和 Trade_Info 中的 AE 值对
Trade_Info 进行修改。
    % 输入变量:Trade_Info 数据结构为 table,是经过 Modify_Trade_
Info 修改过的交易信息记录,本程序只要对其中平仓信号的位置进行相应
的修改即可;Paras 数据结构为 struct,是存放策略参数的变量。
    % 输出变量:Trade_Info_StopLoss 即输入变量 Trade_Info 按
照 AE 数据重新确定平仓位置后的结果。
```

```
Trade_Info=Modified_Trade_Info;
StopLoss=Paras.StopLoss;
Unit=Paras.Unit;
MiniSlip=Paras.MiniSlip;
%将需要止损的数据中status状态位记录为5
Trade_Info.Status(Trade_Info.AE<=-StopLoss)=5;
Len=size(Trade_Info,1);
isHolding=0;
iOpenCost=0;
%主循环
for i=1:Len
  iPosition=Trade_Info.Position(i);
  iStatus=Trade_Info.Status(i);
  if iPosition  %原始Trade_Info中有持仓
    switch iStatus
     case {1,2}%当期是开仓,持仓标志置1并记录开仓成本
        isHolding=1;
        iOpenCost=Trade_Info.Cost(i);
    case {0,3,4,6,7}  %当期是止损之外的其他离场条件
       if~isHolding  %如果当期没有持仓,则删除对
       应持仓信息
            Trade_Info{i,{'Position','Status','
          Cost','OpenEquity','CloseEquity','
          HighEquity','LowEquity','FE','AE','
          Earnings'}}=zeros(1,10);
      end
      case 5  %当期满足止损离场条件
    if isHolding%如果当期有持仓,按照止损点位修改平仓成本
```

```
            iOpenEquity=Trade_Info.OpenEquity(i);
             iStopLossEquity = iPosition * iOpenCost *
             Unit-StopLoss;
            % 理论止损平仓权益
            if iOpenEquity<iStopLossEquity  % 开盘即止损
              Trade_Info{i,{'Cost','CloseEquity',
              'Earnings'}}
              =[iOpenEquity/Unit/iPosition,iOpenEquity,
                iOpenEquity-iPosition* iOpenCost* Unit];
              else% 盘中止损
              Trade_Info{i,{'Cost','CloseEquity','
            Earnings'}}
              =[iStopLossEquity/Unit/iPosition,iS-
                topLossEquity,-StopLoss];
          end
          isHolding=0;% 持仓标志清 0
          iOpenCost=0;
          else% 如果当期没有持仓,则将持仓信息全部置零
          Trade_Info{i,{'Position','Status','Cost','
        OpenEquity','CloseEquity','HighEquity','
        LowEquity','FE','AE','Earnings'}}=zeros(1,10);
      end
      end
    end
  end
  Trade_Info_StopLoss=Trade_Info;
end
```

为了向读者们展示不同止损阈值与交易系统主要绩效指标之间的变化关系，同时验证 MAE 图的分析结果，将 StopLoss 参数设置为 100：100：2500，并进行循环回测、记录不同 StopLoss 参数下该交易系统的年化收益率、最大回撤率和夏普比率，绘制变化曲线如图 5-4 所示：

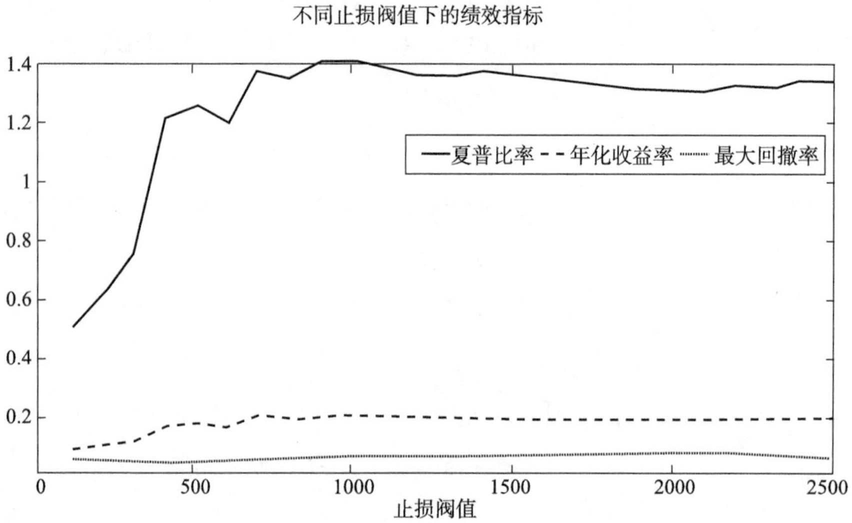

图 5-4　不同止损阈值下绩效指标一的变化

根据 MAE 图 5-2，单笔交易的最大不利偏离和持仓最终损失都小于 2500 元，这意味着止损阈值大于等于 2500 元时的绩效指标与不进行止损时相同。同时从图 5-4 中还可以看出，静态止损阈值低于 700 元时，该系统的各项绩效指标均未达到不进行止损的绩效指标，这也验证了静态止损阈值不宜过低、适当地承受风险能够带来更高收益的观点。总而言之，过低的静态止损阈值看起来似乎避免了潜在的损失，但是实际上也放弃了很多盈利的机会。

另外的一项指标也可以反映出静态止损阈值变化对系统带来的影响，它就是净盈利回撤比。该指标反映了单位回撤下的盈利能力情况，它的走势与夏普比率的走势接近，但也有区别，如图 5-5 所示：

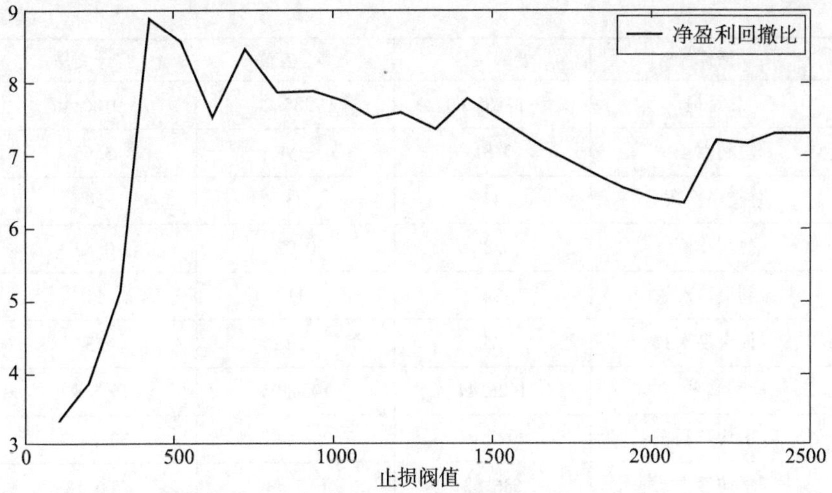

图 5-5　不同止损阈值下净利润回撤比的变化

根据图 5-4 和图 5-5 以及“好邻居原则”，上述交易系统静态止损阈值选择为 900 元，即利用该交易系统进行铝期货交易时，如果价格在开仓价位反向波动每手亏损超过 900 元则需要根据止损平仓。下面给出增加静态止损离场条件后交易系统的绩效指标：

表 5.1　静态止损优化后的绩效指标一

指标	夏普比率	最大回撤率	最大回撤期	年化收益率
原始参数	0.0572	17.23%	1954 小时	3.82%
含手续费和滑点	-0.1931	19.59%	1954 小时	-0.00045%
参数优化后	1.3376	6.44%	1170 小时	19.25%
静态止损优化后	1.4103	6.15%	1170 小时	19.57%

从表 5.1 可以看出，静态止损优化结果提高了年化收益率，并降低了最大回撤率，缩短了最长回撤期，进而提高了夏普比率。

表 5.2　静态止损优化后的绩效指标二

指标	全部交易	多仓交易	空仓交易
总净利润	48242.44	23803.88	24438.56
总盈利	65408.05	31789.08	33618.97

续表

指标	全部交易	多仓交易	空仓交易
总亏损	-17165.60	-7985.20	-9180.40
盈利因子	3.81	3.98	3.66
总交易次数	47	23	24
盈利比例	0.88	0.92	0.85
盈利交易次数	22	11	11
亏损交易次数	25	12	13
净利润平均	1026.44	1034.95	1018.27
平均盈利	2973.09	2889.92	3056.27
平均亏损	686.62	665.43	706.18
平均盈亏比	4.33	4.34	4.33
单次最大盈利	9203.07	9203.07	8353.38
单次最大亏损	-949.70	-949.70	-949.00
最长盈利持续时间	4	4	4
最长亏损持续时间	6	5	5
单次交易平均持仓周期	94.26	88.61	99.67
盈利交易平均持仓周期	180.95	161.09	200.82
亏损交易平均持仓周期	17.96	22.17	14.08

通过与静态止损优化前的交易统计表4.8进行对比发现，经过静态止损优化的交易系统主要在单次最大亏损指标上有所改进，空仓的单次最大亏损从2024.84元下降到949.7元，多仓的单次最大亏损从1667.55元下降到949元。这里亏损明显大于止损阈值900元的原因在于尽管理论上的单次最大亏损金额应该是止损阈值加滑点对应的权益和手续费，但实际上会有高开或者低开直接止损的情况，这都会引起损失的进一步扩大，因此需要读者们注意。

经过静态止损优化之后的净值曲线和回撤率柱状图如图5-6所示：

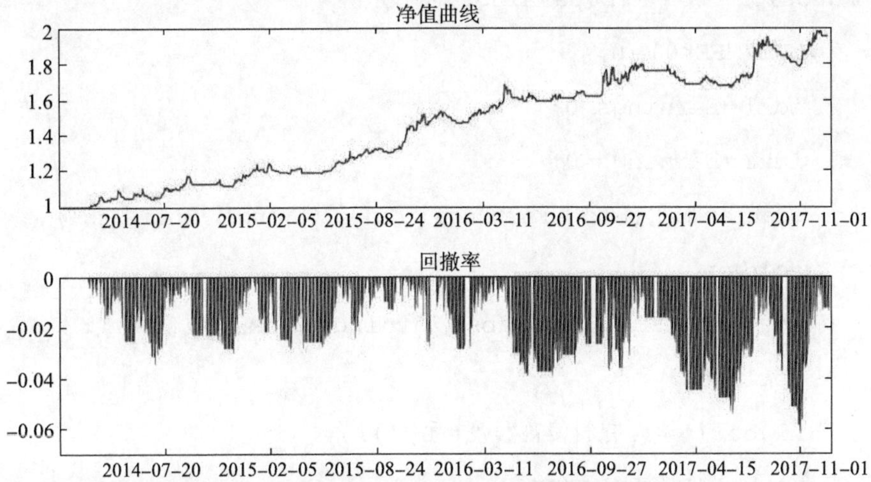

图 5-6　静态止损优化后的净值曲线和回撤率柱状图

其中，图 5-6 中回撤率柱状图上比较平齐的部分对应的就是出现了静态止损的交易。

第三节　MFE 图与跟踪止损

对于静态止损来说，我们在每次开仓之后就能立即根据开仓成本和静态止损阈值计算出合约对应的止损价格，而且在之后的持仓过程中不再发生变化，因此称这种止损方式是“静态”的。而动态的跟踪止损合约价格会随着持仓权益的上升而不断提高，与持仓权益最高时的合约价格保持固定的价差，当合约价格反向波动触及跟踪止损价格时平仓。

与止损时考虑最大不利偏离程度对应，研究交易系统跟踪止损和止盈阈值所依赖的变量是最大有利偏离程度（Maximum Favorable Excursion，MFE），它主要考察持有期内权益最大值或者最大增加比率与最终收益之间的关系。图 5-7 给出了上述交易系统在进行离场优化情况下的 MFE 图，具体绘图函数程序如下：

```
function Plot_MFE(Earnings,MFE)
    MFE(MFE<0)=0;
    idx1=Earnings>0;
    idx2=Earnings<0;
    scatter(MFE(idx1),Earnings(idx1),100,'bd','unfilled')
    hold on
    scatter(MFE(idx2),abs(Earnings(idx2)),100,'r* ',
    'filled')
    xlabel('最大有利偏离程度(元)');
    ylabel('最终盈亏(元)');
end
```

图中对角线同样被称为“损益分割线”，但是与 MAE 图不同的是，最终产生损失的持仓和产生盈利的持仓在图中的位置发生了调换，因为 MFE 图的横轴是最大有利偏离程度，而每笔盈利交易的最终盈亏不可能大于它，所以这些交易对应的散点都在损益分割线的右下方。

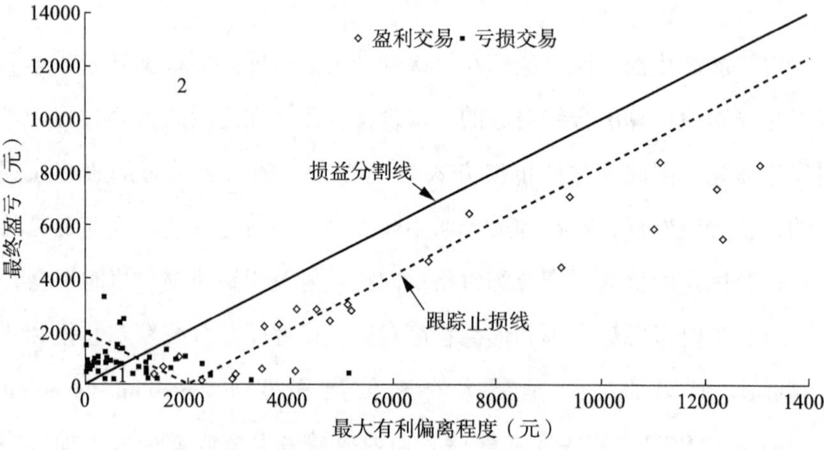

图 5-7　交易系统 MFE 图（示意图）

接下来对图中的三个主要区域进行分析：跟踪止损线对应的虚线是

分成两段的折线，将整幅图划分为三个区域，下文中将跟踪止损线左下角的区域称为 1 区，折线上方的区域称为 2 区，折线右下角的区域称为 3 区。

1 区中所有的交易都无法通过跟踪止损进行优化。其中亏损交易分为两类：纵轴上的点代表了这次交易的持仓始终处于单边下跌的情况，应该通过上一节介绍的静态止损方法进行止损；纵轴以外的亏损交易的持仓过程中，最高权益值和最终权益值之间的差距都小于跟踪止损阈值，它们同样不是跟踪止损优化的对象。同样，该区域中盈利交易的最高权益值和最终权益值之间的差距也都小于跟踪止损阈值，也不是跟踪止损优化的对象。

2 区中所有亏损交易持仓过程中的最高权益和最终权益之间的差距都超过了跟踪止损阈值，它们是跟踪止损要优化的一部分主要对象。这个区域中所有盈利交易的最高权益值和最终权益值之间的差距都小于跟踪止损阈值，不是跟踪止损优化的对象。

3 区中所有交易（无论是亏损还是盈利）的最高权益值和最终权益值之间的差距都超过了跟踪止损阈值，全部是跟踪止损优化的对象。在进行优化之后，该区域中的亏损交易可以转变为盈利交易。

跟踪止损的目的就是将所有的亏损交易尽可能限制在 1 区内，而将盈利交易限制到 1 区和 2 区。

第四节 跟踪止损优化

跟踪止损函数 Gen_TrailingStop_Trade_Info 也可以通过对交易信息记录表 Trade_Info 进行修改从而生成新的交易信息表，中间只要计算一下每次持仓的最大 FE 和每个 Bar 对应的权益回撤即可。

```
function Trade _ Info _ TrailingStop = Gen _ TrailingStop _
```

```
Trade_Info(Trade_Info,Paras)
%%根据Paras中的TrailingStop参数和Trade_Info中的FE和权益值对Trade_Info进行修改。
  %输入变量:Trade_Info数据结构为table,是经过Modify_Trade_Info修改过的交易信息记录,本程序只要对其中平仓信号的位置进行相应的修改即可;Paras数据结构为struct,是存放策略参数的变量。
  %输出变量:Trade_Info_TrailingStop即输入变量Trade_Info按照FE和最高权益重新确定平仓位置后的结果。
  TrailingStop=Paras.TrailingStop;
  Unit=Paras.Unit;
  MiniSlip=Paras.MiniSlip;
  Len=size(Trade_Info,1);
  Trade_Info.DrawDown=zeros(Len,1);
  Trade_Info.BarFE=zeros(Len,1);
  BarFE=0;  %记录交易过程中的历史最高权益值
  for i=1:Len
      iPosition=Trade_Info.Position(i);
      iStatus=Trade_Info.Status(i);
      Sgn=sign(iPosition);
      switch Sgn
        case 1  %该笔交易为多仓的情况
          if iStatus==1  %多仓开仓的当期初始化该笔交易的历史最高权益值
              BarFE=Trade_Info.HighEquity(i);
          else%持有多仓时计算历史最高权益到当期最低权益的差值
```

```
        Trade_Info{i,{'BarFE','DrawDown'}}=[BarFE,
        BarFE-Trade_Info.LowEquity(i)];
        if BarFE<Trade_Info.HighEquity(i)
        % 如果当期最高权益高于历史最高权益,则更新历史最高
        权益值
          BarFE=Trade_Info.HighEquity(i);
        end
      end
    case-1 % 该笔交易为空仓的情况
      if iStatus==2
        BarFE=Trade_Info.LowEquity(i);
      else
        Trade_Info{i,{'BarFE','DrawDown'}}
        =[BarFE,BarFE-Trade_Info.HighEquity(i)];
        if BarFE<Trade_Info.LowEquity(i)
          BarFE=Trade_Info.LowEquity(i);
        end
      end
    case 0% 没有持仓的时候将历史最高权益值置零
      BarFE=0;
  end
end
% 将 DrawDown 与跟踪止损阈值进行对比,并将满足条件的
status 状态置为 6
Trade_Info.Status(Trade_Info.DrawDown>=TrailingStop
& Trade_Info.Status~=5)=6;
```

```
isHolding=0;
iOpenCost=0;
for i=1:Len
  iPosition=Trade_Info.Position(i);
  iStatus=Trade_Info.Status(i);
  if iPosition % 有持仓的情况,对 Trade_Info 进行更改
    switch iStatus
      case{1,2}% 开仓时更新持仓状态和开仓成本
        isHolding=1;
        iOpenCost=Trade_Info.Cost(i);
      case{0,3,4,5,7}
        if~isHolding % 非跟踪止损的平仓信号且持仓状态为
        0 时将数据置零
          Trade_Info{i,{'Position','Status','Cost','
        OpenEquity','CloseEquity','HighEquity',
          'LowEquity','FE','AE','Earnings','
        DrawDown','BarFE'}}=zeros(1,12);
        end
      case 6  % 满足跟踪止损条件
        if isHolding % 确保有持仓的状态更新跟踪止损离场的
        数据
          iBarFE=Trade_Info.BarFE(i);
          iTrailingStopEquity=iBarFE-TrailingStop;
            iCloseCost = sign (iPosition) * iTrailing-
            StopEquity/Unit;
          iEarnings=sign(iPosition)* (iCloseCost-iO-
```

```
                    penCost)* Unit;
                    Trade_Info{i,{'Cost','CloseEquity','Earnings
                    '}} = [ iCloseCost, iTrailingStopEquity, iEarn-
                    ings];
                    isHolding=0;
                    iOpenCost=0;
                else
                    Trade_Info{i,{'Position','Status','Cost','
                OpenEquity','CloseEquity','HighEquity',
                    'LowEquity','FE','AE','Earnings','DrawDown','
                BarFE'}}=zeros(1,12);
            end
        end
    end
    end
    Trade_Info_TrailingStop=Trade_Info;
end
```

静态止损的研究结果告诉我们，过低的止损阈值会造成频繁开仓，反而会降低策略的绩效。同样，在进行跟踪止损阈值研究时，过低的跟踪止损阈值也会造成同样的结果。除此之外，过高的跟踪止损阈值会和止损阈值冲突，没有研究的必要。因此，对于上述交易系统，我们将跟踪止损的阈值设定在 500：500：5000 的范围内，对每个阈值进行回测绘制绩效指标变化图和净利润回撤比变化图如图 5-8 和图 5-9 所示：

可以看出在跟踪止损阈值较小的情况下，系统亏损比例较高，年化收益率和夏普比率为负，这是因为在持仓过程中合约价格也会存在一定范围的波动，如果过分限制持仓权益波动，将会对投资收益带来负面影

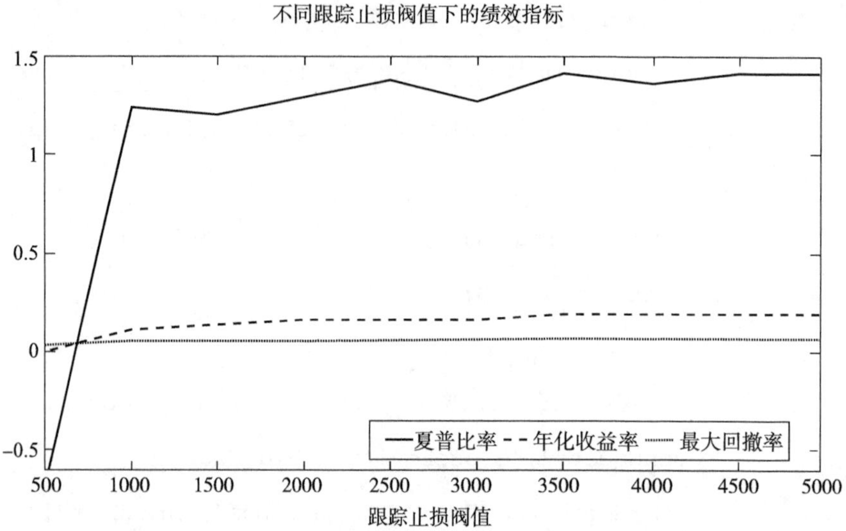

图 5-8　不同跟踪止损阈值下绩效指标变化

响。整体上看，当跟踪止损阈值设定在较高水平（大于 2000 元）时，投资效果远高于较低水平。

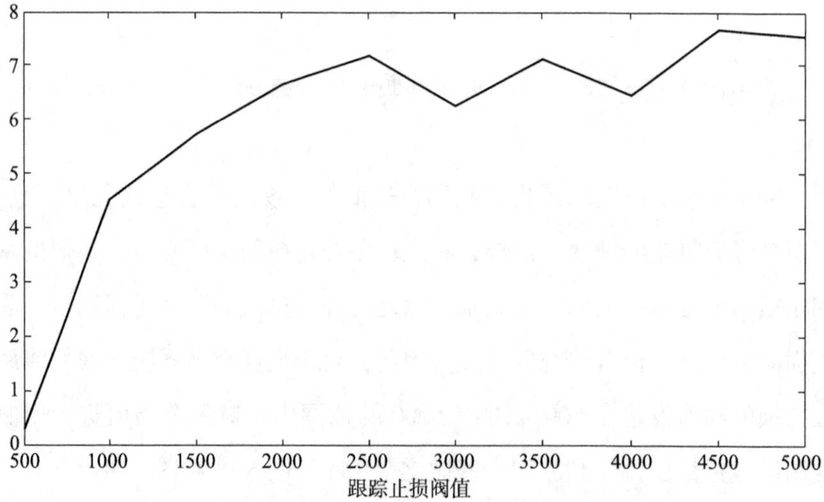

图 5-9　不同跟踪止损阈值下净利润回撤比的变化

可以看出，跟踪止损阈值在 4 500 元的表现显著好于其他数值。跟踪止损阈值过低会大幅度削弱该交易系统的盈利能力，而过高则不能对交易系统进行改进。考虑到“好邻居原则”，止损阈值设置在 4 500 元较好。

表 5.3　跟踪止损优化后的绩效指标一

指标	夏普比率	最大回撤率	最大回撤期	年化收益率
原始参数	0.0572	17.23%	1954 小时	3.82%
含手续费和滑点	−0.1931	19.59%	1954 小时	−0.00045%
参数优化后	1.3376	6.44%	1170 小时	19.25%
静态止损优化后	1.4103	6.15%	1170 小时	19.57%
跟踪止损优化后	1.4260	6.12%	1170 小时	19.23%

表 5.4　跟踪止损优化后的绩效指标二

指标	全部交易	多仓交易	空仓交易
总净利润	47192.76	22754.20	24438.56
总盈利	64358.36	30739.40	33618.97
总亏损	−17165.60	−7985.20	−9180.40
盈利因子	3.75	3.85	3.66
总交易次数	47	23	24
盈利比例	0.88	0.92	0.85
盈利交易次数	22	11	11
亏损交易次数	25	12	13
净利润平均	1004.10	989.31	1018.27
平均盈利	2925.38	2794.49	3056.27
平均亏损	686.62	665.43	706.18
平均盈亏比	4.26	4.20	4.33
单次最大盈利	9203.07	9203.07	8353.38
单次最大亏损	−949.70	−949.70	−949.00
最长盈利持续时间	4	4	4
最长亏损持续时间	6	5	5
单次交易平均持仓周期	92.66	85.35	99.67
盈利交易平均持仓周期	177.55	154.27	200.82
亏损交易平均持仓周期	17.96	22.17	14.08

根据表 5.3，增加跟踪止损同时降低了交易系统的年化收益率和最

大回撤率，略微提高了夏普比率。对比表 5.4 和表 5.2 发现，增加跟踪止损后交易系统的平均持仓周期有了显著下降，但随之而来的是盈利能力相关指标的降低，这是优化过程中只关注夏普比率的结果。

图 5-10 给出了跟踪止损优化后的净值曲线图和回撤率柱状图：

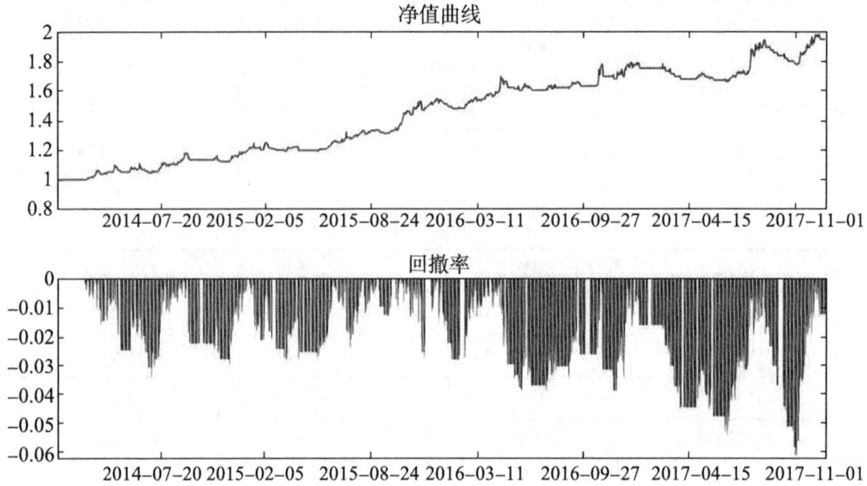

图 5-10　跟踪止损优化后的净值曲线和回撤率柱状图

增加止损和跟踪止损后的交易系统 MFE 图如图 5-11 所示，可以看出，亏损交易基本上都集中于止损线和跟踪止损线左下角的范围内，原本位于 3 区的所有交易都被提升到了跟踪止损线附近，由于考虑了交易手续费和滑点，所以亏损交易会略高于 900 元的止损线，盈利交易会略低于跟踪止损线。

需要指出的是，本例中利用跟踪止损优化的结果并不明显，主要是影响的交易次数比较小，整体效果不够显著，如果采用更长的回测期效果会更显著。

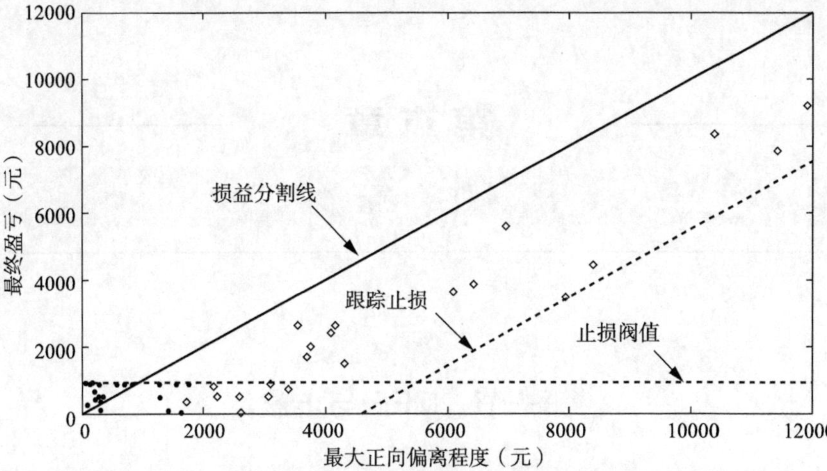

图 5-11　交易系统 MFE 图（止损优化后）

第六章 止 盈

第一节 MFE与止盈

同样作为离场规则优化，止盈交易的目的却和止损交易完全不同。止损离场目的是避免更大的损失，而止盈离场则是为了保住收益。原因很简单，无论是股票还是期货合约，都不可能单边一直上涨或者一直下跌，中间总会出现盘整震荡甚至趋势反转的情况，止盈的目的就是避免净值在大幅上涨后快速地回调，尽可能最大化单笔交易的平均收益。具体来说，止盈是在权益上升到一定程度时直接平仓的离场规则。

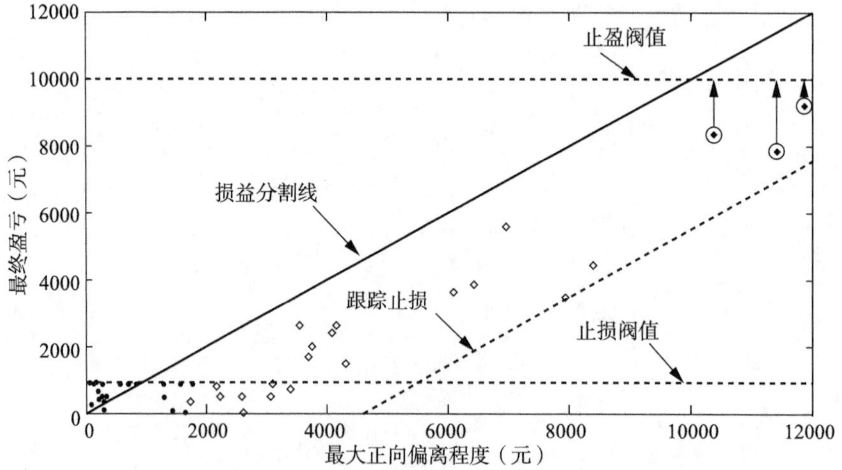

图 6-1 交易系统 MFE 图（止损和跟踪止损优化后）

损益分割线上的点代表了最大盈利和最终盈利一致的交易，而损益分割线右下方的点都是经历了最大盈利但最终没有保住最大利润的交易，所以从这个角度上来说，止盈就是将损益分割线和止盈阈值水平线交点处右侧的盈利交易移到止盈阈值水平线上的过程。

止盈函数 Gen_ProfitTarget_Trade_Info 也可以通过对 Trade_Info 进行修改生成新的交易信息表，只要更新一下 FE 大于阈值时的交易信息即可，程序如下：

```
function Trade_Info_ProfitTarget = Gen_ProfitTarget_Trade_Info(Trade_Info,Paras)
%%根据 Paras 中的 ProfitTargeet 参数和 Trade_Info 中的 FE 值对 Trade_Info 进行修改。
    %输入变量:Trade_Info 数据结构为 table,是经过 Modify_Trade_Info 修改过的交易信息记录,本程序只要对其中平仓信号的位置进行相应的修改即可;Paras 数据结构为 struct,是存放策略参数的变量。
    %输出变量:Trade_Info_ProfitTarget 即输入变量 Trade_Info 按照 FE 重新确定平仓位置后的结果。
    ProfitTarget=Paras.ProfitTarget;
    Unit=Paras.Unit;
    MiniSlip=Paras.MiniSlip;
    %根据止盈阈值设置 status 数值为 7
    Trade_Info.Status(Trade_Info.FE>=ProfitTarget)=7;
    Len=size(Trade_Info,1);
    isHolding=0;
    iOpenCost=0;
    for i=1:Len
```

```
iPosition=Trade_Info.Position(i);
iStatus=Trade_Info.Status(i);
if iPosition  % 有持仓
  switch iStatus % 开仓时个记录持仓状态和开仓成本
    case{1,2}
      isHolding=1;
      iOpenCost=Trade_Info.Cost(i);
  case{0,3,4,5,6}% 非止盈平仓时检查持仓状态,为0
  时将数据置零
    if~isHolding
      Trade_Info{i,{'Position','Status','Cost',
      'OpenEquity','CloseEquity','HighEquity',
      'LowEquity','FE','AE','Earnings','DrawDown',
      'BarFE'}}=zeros(1,12);
    end
  case 7
    if isHolding
      iOpenEquity=Trade_Info.OpenEquity(i);
      iProfitTargetEquity=iPosition* iOpenCost*
      Unit+ProfitTarget;
       if iOpenEquity>iProfitTargetEquity  % 开
       盘止盈的情况
         Trade_Info{i,{'Cost','CloseEquity','Earn-
         ings'}}=[iOpenEquity/Unit/iPosition,iO-
         penEquity,iOpenEquity-iOpenCost];
      else% 盘中止盈
```

```
          Trade_Info{i,{'Cost','CloseEquity','Earnings
          '}} = [ iProfitTargetEquity/Unit/iPosition,
          iProfitTargetEquity,ProfitTarget];
        end
        isHolding=0;
        iOpenCost=0;
      else
        Trade_Info{i,{'Position','Status','Cost','
      OpenEquity','CloseEquity','HighEquity',
        'LowEquity','FE','AE','Earnings','DrawDown
        ','BarFE'}}=zeros(1,12);
      end
    end
  end
end
Trade_Info_ProfitTarget=Trade_Info;
end
```

第二节　止盈优化

根据未进行止盈优化的 MFE 图 6-1 可以看出，止盈阈值的取值范围应该在 2000~14000 元。分别按照不同止盈阈值进行回测，绩效指标和净利润回撤比变化如图 6-2 和图 6-3 所示。

从图 6-2 可以看出，止盈阈值设置为 3000 元和 6000 元时系统绩效最佳，夏普比率能够高于 1.6。但是根据“好邻居原则”，3000 元左侧的变化幅度较大，因此这里选择止盈阈值为 6000 元。从图 6-3 也可以

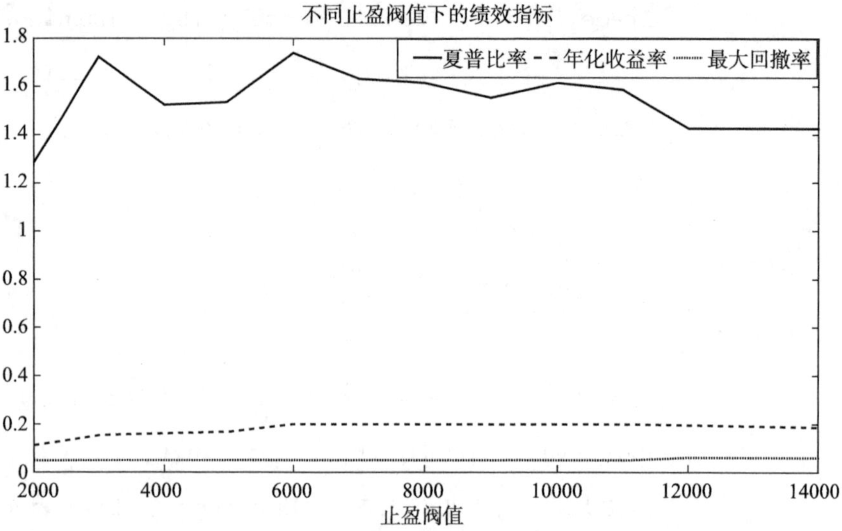

图 6-2　不同止盈阈值下绩效指标变化

看出 6000 元作为止盈阈值的净利润回撤比最大。

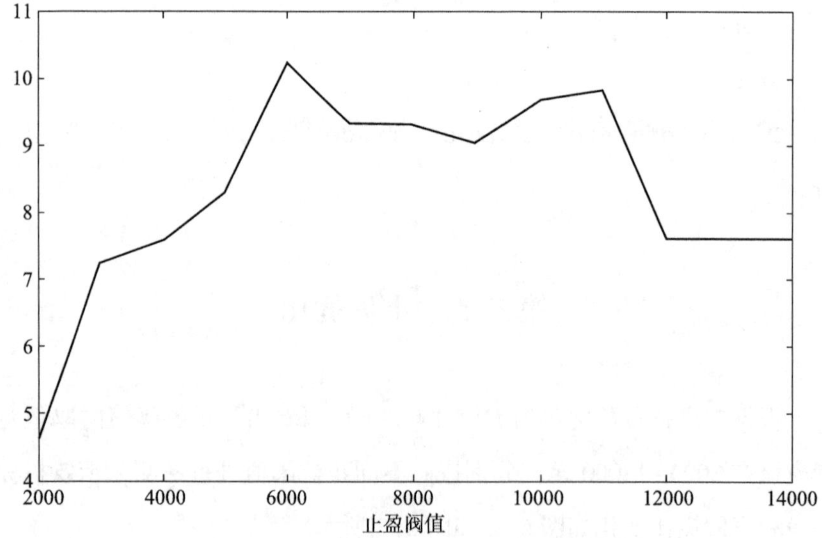

图 6-3　不同止盈阈值下净利润回撤比的变化

增加止盈后交易系统的 MFE 图见图 6-4：

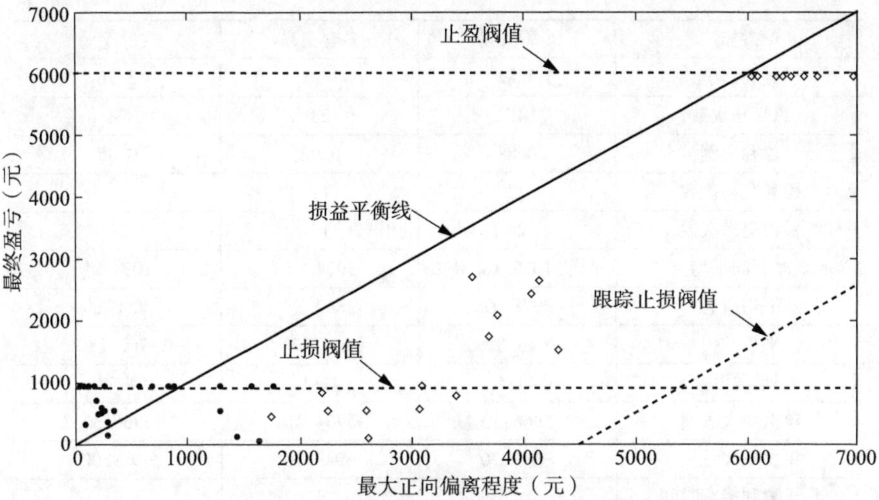

图 6-4　交易系统 MFE 图（全部优化后）

从图 6-4 与图 5-7 的对比可以看出，图中右侧的八个点都从跟踪止损线右下方移动到止盈线和损益平衡线交点附近，止盈优化的对象主要是这八次交易。

表 6.1　止盈优化后的绩效指标一

指标	夏普比率	最大回撤率	最大回撤期	年化收益率
原始参数	0.0572	17.23%	1954 小时	3.82%
含手续费和滑点	-0.1931	19.59%	1954 小时	-0.00045%
参数优化后	1.3376	6.44%	1170 小时	19.25%
静态止损优化后	1.4103	6.15%	1170 小时	19.57%
跟踪止损优化后	1.4260	6.12%	1170 小时	19.23%
止盈优化后	1.7432	4.72%	875 小时	19.36%

表 6.2　止盈优化后的绩效指标二

指标	全部交易	多仓交易	空仓交易
总净利润	48371.63	23555.46	24816.18
总盈利	65537.24	31540.66	33996.58
总亏损	-17165.60	-7985.20	-9180.40

续表

指标	全部交易	多仓交易	空仓交易
盈利因子	3.82	3.95	3.70
总交易次数	47	23	24
盈利比例	0.88	0.92	0.85
盈利交易次数	22	11	11
亏损交易次数	25	12	13
净利润平均	1029.18	1024.15	1034.01
平均盈利	2978.97	2867.33	3090.60
平均亏损	686.62	665.43	706.18
平均盈亏比	4.34	4.31	4.38
单次最大盈利	5966.30	5964.01	5966.30
单次最大亏损	-949.70	-949.70	-949.00
最长盈利持续时间	4	4	4
最长亏损持续时间	6	5	5
单次交易平均持仓周期	72.68	73.09	72.29
盈利交易平均持仓周期	134.86	128.64	141.09
亏损交易平均持仓周期	17.96	22.17	14.08

图 6-5 展示了经过止盈优化的系统净值曲线变化情况：

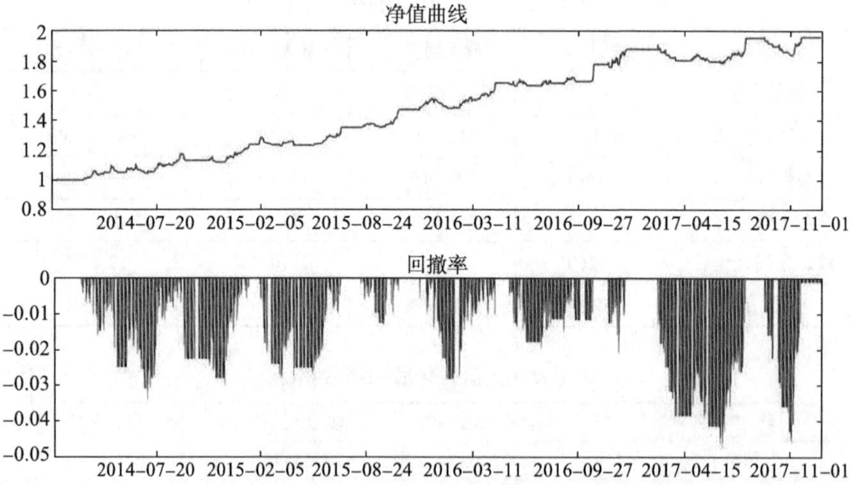

图 6-5　止盈优化后的净值曲线图和回撤率柱状图

表 6.1 给出了本章介绍的各种优化方法优化之后的系统绩效指标对

比，止盈优化提高了年化收益率并降低了最大回撤率，使得该交易系统的夏普比率获得了明显提升。表 6. 2 与表 5. 4 对比可以看出，止盈优化主要提高了交易的单次盈利指标，进而提高了系统的绩效。

第三节 离场优化结果对比

表 6. 3 整理了每一步优化后的系统整体绩效指标。

表 6. 3 优化方法对比

	原始参数	含手续费和滑点	参数优化	静态止损优化	跟踪止损优化	止盈优化
总净利润	5255. 50	-2249. 43	46961. 78	48242. 44	47192. 76	48371. 63
总盈利	65194. 50	62817. 18	65408. 05	65408. 05	64358. 36	65537. 24
总亏损	-59939. 00	-65066. 61	-18446. 27	-17165. 60	-17165. 60	-17165. 60
盈利因子	1. 09	0. 97	3. 55	3. 81	3. 75	3. 82
总交易次数	189	189	47	47	47	47
盈利比例	0. 48	0. 45	0. 88	0. 88	0. 88	0. 88
盈利交易次数	61	59	22	22	22	22
亏损交易次数	128	130	25	25	25	25
净利润平均	27. 81	-11. 90	999. 19	1026. 44	1004. 10	1029. 18
平均盈利	1068. 76	1064. 70	2973. 09	2973. 09	2925. 38	2978. 97
平均亏损	468. 27	500. 51	737. 85	686. 62	686. 62	686. 62
平均盈亏比	2. 28	2. 13	4. 03	4. 33	4. 26	4. 34
单次最大盈利	7374. 5	7328. 01	9203. 07	9203. 07	9203. 07	5966. 30
单次最大亏损	-2025. 5	-2074. 80	-2024. 84	-949. 70	-949. 70	-949. 70
最长盈利持续时间	7	7	4	4	4	4
最长亏损持续时间	13	17	6	6	6	6
单次交易平均持仓周期	17. 86	17. 86	97. 68	94. 26	92. 66	72. 68
盈利交易平均持仓周期	30. 77	31. 05	180. 95	180. 95	177. 55	134. 86
亏损交易平均持仓周期	11. 70	11. 87	24. 40	17. 96	17. 96	17. 96

每种交易系统都起源于某一种符合市场规律的逻辑。对于使用交易

系统的投资者来说，一旦发现了某一种逻辑，或者从经验中总结出了一些规律，接下来的一项重要工作就是编写算法去实现它，并利用历史交易数据去进行回测。在这个过程中会不断地出现新的思路和问题，如何实现自己的思路并解决遇到的问题是提高交易系统设计水平的重要途径。尽管这个过程会花费大量的时间和精力，很多工作需要反复修正甚至从头返工，但是系统设计者将会从中受益匪浅。他（她）将深入了解到策略和交易的每一个细节，这对接下来交易系统的运行非常关键，因为他（她）对细节认识得越清楚，对系统的信心和信任就越强。Tom Wills 曾经说过："一旦你拥有了一个交易系统，最大的障碍就是相信它！"

本部分主要向读者们展示了交易系统优化的多种角度和具体方法，主要包括对基础参数的优化、静态止损、跟踪止损和止盈优化等。这些科学的方法不仅能够提升绝大部分量化交易系统的绩效表现，而且能够提高投资者对于交易系统的信心。对于交易系统初步优化的步骤总结如下图所示：

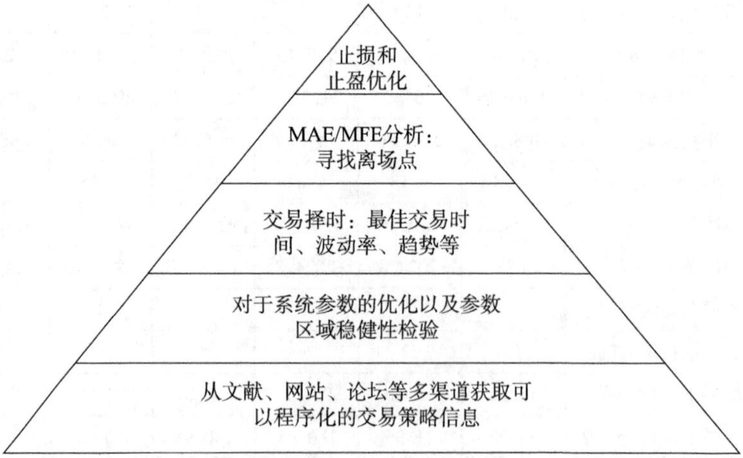

图 6-6　交易系统初步优化步骤

第三部分

交易系统优化进阶

第七章 交易系统的稳健性检验

在使用单个交易规则时，最简单的风险管理方法是控制建仓价格与离场价格之间的距离。在第四章的实例中，读者们可以看到在设置不同的止损、跟踪止损和止盈阈值后交易系统对于风险和收益的不同影响，这些阈值既不能设置过低（会导致利润大部分被手续费和滑点吞噬），也不能设置过高（权益波动会很大）。这些简单的优化结果只是整个交易系统风险管理的基础，建立在这个基础上的风险管理就是在实盘交易时对于风险的连续度量，一方面需要通过定时（比如每月）测试自己的交易系统来考察系统是否像设计之初那样表现稳定，另一方面要有一个能够测量风险的机制，常见的测量方法是通过对于市场价格的变化与波动性的分析来判断市场风险是否发生变化，方差、标准差、半方差等统计量以及各种 GARCH 模型都是测量和预测波动性的有效工具。如果市场风险真的发生了变化，就需要及时做出相应的调整。

证券市场结构和合约价格会受到各种事件的影响，这些事件可能会重复发生（例如农产品和工业品的季节性因素），也可能出现一次之后很难再次发生（例如经济危机、海啸、地震等）。上一章介绍的几种方法能够针对回测样本（也叫“训练集”）内的价格变化过程统计、优化出一套交易系统参数，但是这套交易系统参数并不能完全适用于回测样本外的市场情况（也叫“测试集”）。如果该合约的价格变化规律不再符合回测样本内的情况，那么这套交易系统就很难在接下来的交易中能够持续盈利。

因此对于一个交易系统来说，如何检验它在市场结构和合约价格发生变化时是否具有稳健性？这是进行实盘交易前需要考虑的关键问题。为了实施交易系统的稳健性检验，我们需要在构建开发系统时没有用到的数据，这些数据叫作“样本外”或者“测试集”数据。第四章中采用了铝期货合约 2014 年 1 月 1 日至 2017 年 12 月 31 日的小时数据作为训练集数据，这一章我们将 2018 年 1 月 1 日至 2019 年 12 月 31 日的小时数据作为测试集数据。在机器学习中，获取测试集数据的重要方法被称为数据的重新采样（resampling）。

我们在第三章的内容中已经初步介绍过如何通过多时间尺度分析和蒙特卡洛模拟的方法去判断一个交易系统的稳健性，本章在详细介绍这两种方法的基础上，增加固定起始时间的窗口采样和移动时间窗口采样等不同的重新采样方法对系统进行稳健性测试。

第一节　多时间尺度分析

多时间尺度分析是检验交易系统稳定性和预测能力的重要方法。该方法通过改变交易数据时间尺度对训练集数据进行重新采样，并通过对绩效指标的变化进行分析得到结果。尽管这种方式并不会改变数据整体，但是使用不同的时间尺度会带来价格结构的巨大变化。如果一个交易系统能够适应各种时间尺度上的价格结构，那么这个交易系统就是比较稳健的。

下载 5 分钟、10 分钟、15 分钟和 30 分钟的行情数据，[①] 采用前面的优化结果参数进行回测，记录绩效信息见表 7.1。

---

① 这里没有采用比 1 小时更低频率的数据是因为在这种情况下的交易次数太少，无法反映交易系统优劣。

表 7.1　多时间尺度上的绩效指标对比一

指标	夏普比率	最大回撤率	最大回撤期	年化收益率
5 分钟	-0. 7778	46. 02%	4254 小时	-10. 99%
10 分钟	-0. 4700	19. 36%	4333 小时	-5. 25%
15 分钟	-0. 5478	36. 16%	2072 小时	-5. 15%
30 分钟	-0. 3795	31. 00%	2197 小时	-2. 58%
60 分钟	1. 7432	4. 72%	875 小时	19. 36%

从表 7. 1 可以看出，采用 5 分钟、10 分钟、15 分钟和 30 分钟行情数据回测的绩效指标都不能在样本期取得正收益，说明这个策略的稳健型欠佳，使用的时候可能会承担较大的风险。

表 7. 2　多时间尺度下的绩效指标对比二

时间尺度（分钟）	5	10	15	30	60
总净利润	-23912. 94	-10742. 61	-9999. 13	-6121. 92	48371. 63
总盈利	97611. 58	71820. 09	67893. 57	42799. 02	65537. 24
总亏损	-121524. 52	-82562. 70	-77892. 69	-48920. 94	-17165. 60
盈利因子	0. 80	0. 87	0. 87	0. 87	3. 82
总交易次数	636	347	241	114	47
盈利比例	0. 31	0. 36	0. 39	0. 37	0. 88
盈利交易次数	151	91	67	31	22
亏损交易次数	485	256	174	83	25
净利润平均	-37. 60	-30. 96	-41. 49	-53. 70	1029. 18
平均盈利	646. 43	789. 23	1013. 34	1380. 61	2978. 97
平均亏损	250. 57	322. 51	447. 66	589. 41	686. 62
平均盈亏比	2. 58	2. 45	2. 26	2. 34	4. 34
单次最大盈利	3652. 90	5960. 11	5967. 20	5966. 02	5966. 30
单次最大亏损	-950. 98	-1159. 38	-949. 52	-1016. 94	-949. 70
最长盈利持续时间	4	3	5	3	4
最长亏损持续时间	18	22	25	16	6
单次交易平均持仓周期	62. 81	56. 78	56. 55	55. 25	72. 68
盈利交易平均持仓周期	152. 95	131. 44	133. 63	130. 61	134. 86
亏损交易平均持仓周期	34. 74	30. 25	26. 87	27. 10	17. 96

表 7. 2 给出了该交易系统对不同时间尺度数据进行回测的细节绩效指标，可以看出，该交易系统对 5～30 分钟行情数据回测的绩效指标很

稳定；交易次数与数据周期成等比例关系；平均盈亏比和持仓周期指标保持稳定；平均盈利和亏损则是随着行情数据频率降低而提高。这一点与从表 5.1 得到的结论有略微的出入，具体的原因分析接下来给出。

图 7-1 给出了以上 5 种不同时间尺度行情数据对应的策略净值图和回撤率柱状图：

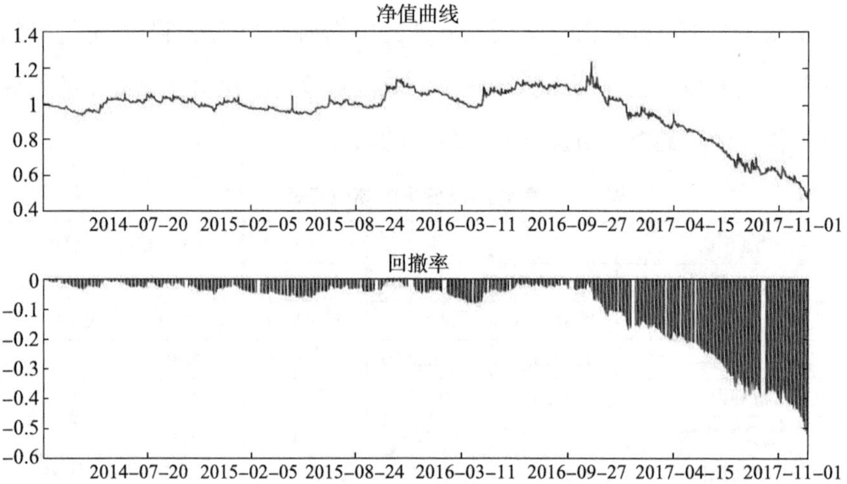

（a）5 分钟行情数据回测结果

（b）10 分钟行情数据回测结果

图 7-1　多时间尺度下的交易系统净值曲线和回撤率柱状图

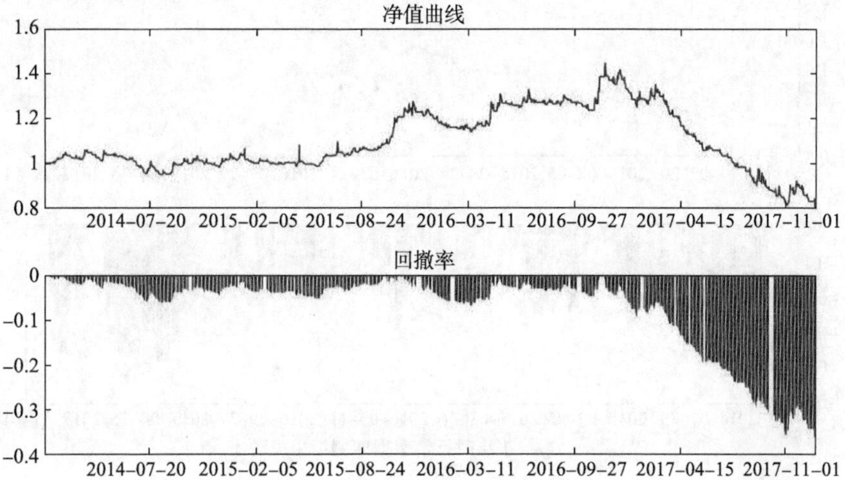

(c) 15 分钟行情数据回测结果

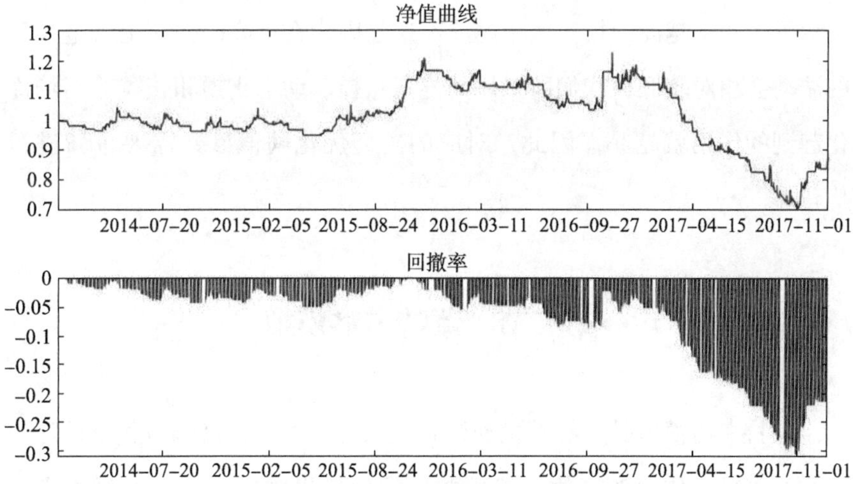

(d) 30 分钟行情数据回测结果

图 7-1 多时间尺度下的交易系统净值曲线和回撤率柱状图（续）

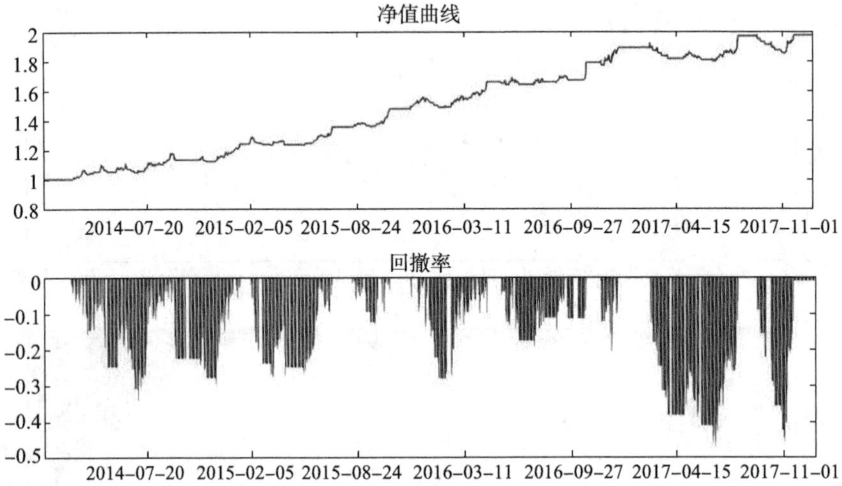

（e）1 小时行情数据回测结果

图 7-1　多时间尺度下的交易系统净值曲线和回撤率柱状图（续）

图 7-1 中可以看出，不同采样频率上的净值曲线走势差异很大，在 1 小时频率上效果很好的参数组合移植到高频的分钟 K 线上之后就完全失败了。频率越高，投资效果越差，这是因为在更高的频率上每笔投资的波动会相对较低，我们所采用的静态止损、动态止损和止盈等离场优化起到的作用就越小。因此，对应的离场优化阈值参数需要重新进行优化。

第二节　蒙特卡洛模拟

蒙特卡洛模拟是一种随机抽样和模拟的方法。它以概率和统计理论方法为基础，使用随机数（或更常见的伪随机数）对有限的样本进行反复抽样来解决样本不足的问题，以获得目标算式或者统计量的近似值。我们已经在第三章中进行了简单的介绍。

图 7-1（e）给出了交易系统所有 47 次交易组成的净值曲线，在进

行蒙特卡洛模拟的时候只要将这些交易的收益率顺序随机打乱重新组合即可。打乱顺序后交易系统的最终收益不会变化，因为全部交易的总和没有变，但是它的净值曲线形状会发生变化，最大回撤率和最长回撤期也会发生变化。每一次的蒙特卡洛模拟相当于对最大回撤率和最长回撤期进行了一次抽样，通过成千上万次的蒙特卡洛模拟，我们可以得到交易系统最大回撤率和最长回撤期的大量样本，而根据大数定律，这些样本的均值能够无限趋近于系统最大回撤率和最长回撤期的真实值。

利用第三章给出的函数 Ret_ MonteCarlo 可以轻松地进行 10000 次蒙特卡洛模拟，绘制最大回撤率样本的直方图如图 7-2 所示：

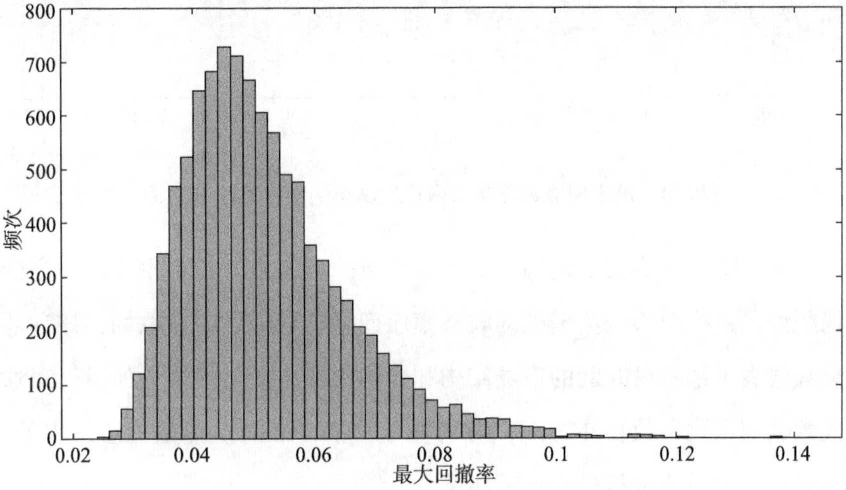

图 7-2　最大回撤率蒙特卡洛模拟结果的直方图

从图 7-2 可以看出，该系统在 10000 次蒙特卡洛模拟之后出现的最大回撤率为 14.06%，绝大部分回撤率集中在 3%～8%。统计最大回撤率数据序列可得到它的均值为 5.2%，标准差为 0.0139，最大值 14.06%，最小值 2.51%。由此可以近似推断出该交易系统最大回撤率的期望值为 5.2%，是可以接受的结果。

利用 matlab 自带的 Curve Fitting 工具绘制系统最大回撤率的实证累

积分布（Empirical Cumulative Distribution）如图 7-3。从图中可以明显地看出该交易系统最大回撤率小于 8%的置信度在 95%以上，而最大回撤率小于 12%的置信度在 98%以上。

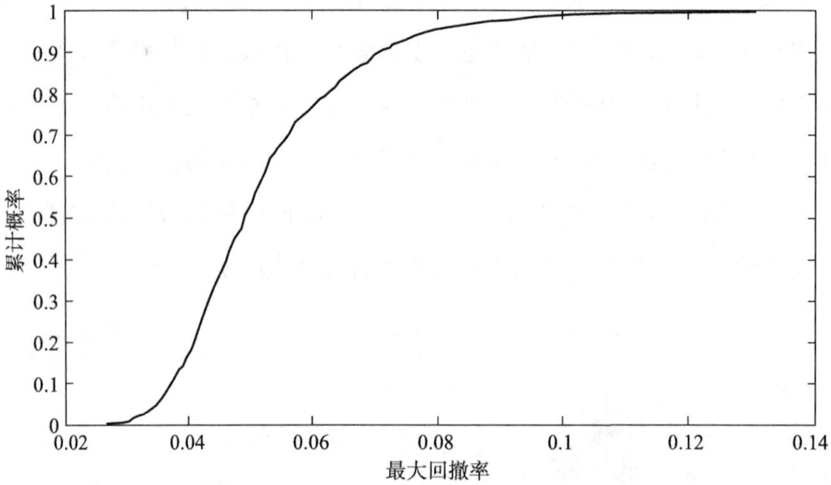

图 7-3　最大回撤率蒙特卡洛模拟结果的实证累积分布曲线

尽管蒙特卡洛模拟能够解决样本数量的问题，但是它也存在一定的局限性：进行蒙特卡洛模拟的收益率序列是从训练集中获取的，该训练集只代表了某一段时间的市场结构和合约价格的变化规律，如果针对这段数据的回测参数存在过度拟合的情况，蒙特卡洛模拟是无法发现的。因此，我们需要进行样本外的测试。

第三节　样本外的预测

之前我们对交易系统进行的回测和评价的时候都采用了同样的一个训练集，尽管多时间尺度分析和蒙特卡洛模拟方法能够基于同样的基础训练集样本构造出新的样本，但是它们始终无法摆脱训练集的样本区间限制，本节开始要对比交易系统对训练集和训练集之外的行情数据进行回测时的绩效指标。

接下来分别对铝期货在 2018 年 1 月 1 日至 2019 年 12 月 31 日和 2014 年 1 月 1 日至 2019 年 12 月 31 日的行情数据作为测试集数据进行交易系统回测，分别称之为“样本外”和“全样本”测试。对样本内、样本外和全样本据进行回测的各项绩效指标见表 7. 3 和表 7. 4，并绘制全集上的净值曲线图如图 7-3 所示。

表 7. 3　样本内、样本外和全样本的绩效指标对比一

指标	夏普比率	最大回撤率	最大回撤期	年化收益率
样本内	1. 7432	4. 72%	875 小时	19. 36%
样本外	-0. 7536	10. 96%	3201 小时	-3. 93%
全样本	1. 1634	6. 86%	2678 小时	12. 82%

表 7. 4　样本内、样本外和全样本的绩效指标对比二①

	样本内	样本外	全样本
总净利润	48371. 63	-3977. 58	48998. 45
总盈利	65537. 24	9614. 41	78599. 13
总亏损	-17165. 60	-13591. 99	-29600. 68
盈利因子	3. 82	0. 71	2. 66
总交易次数	47	32	79
盈利比例	0. 88	0. 18	0. 58
盈利交易次数	22	5	29
亏损交易次数	25	27	50
净利润平均	1029. 18	-124. 30	620. 23
平均盈利	2978. 97	1922. 88	2710. 31
平均亏损	686. 62	503. 41	592. 01
平均盈亏比	4. 34	3. 82	4. 58
单次最大盈利	5966. 30	6021. 19	5966. 30
单次最大亏损	-949. 70	-944. 41	-949. 70

① 细心的读者可能会发现：对于一些指标来说，样本内+样本外≠全样本。这是因为有一次交易跨过了样本内和样本外的“临界点”。

续表

	样本内	样本外	全样本
最长盈利持续时间	4	1	4
最长亏损持续时间	6	10	10
单次交易平均持仓周期	72.68	45.97	64.39
盈利交易平均持仓周期	134.86	125.60	132.62
亏损交易平均持仓周期	17.96	31.22	24.82

图 7-4　交易系统全样本的净值曲线走势

从表 7.3、表 7.4 和图 7-4 的对比中可以清晰地看到，尽管该交易系统在 2018 年上半年延续了之前的走势，但是在接下来的 1 年多时间里却是一路下跌，并创出新的最大回撤率。具体地说，在样本外的两年时间里，系统又交易了 32 次，其中 5 次盈利、27 次亏损，盈利比例从 0.88 大幅下跌到 0.18，虽然单次最大盈利从 5966.30 元提高到 6021.19 元，但是由于盈利次数太少，整体的投资结果是亏损的。

出现这种现象并不意外，同时我们应该客观地看待这种结果：一方面，因为测试集只代表了过往一段时间的价格变化规律；另一方面，这套系统本身就没有能够完全通过多时间周期的稳健性测试，说明它并没有真正把握合约价格变化的潜在规律，那么在样本外的测试集中出现不理想的走势也是意料之中的。

由于在样本外的测试中出现了样本内测试没有遇到的情况，这意味着该合约的价格变化模式与训练集有差异，可能需要进一步对这个交易系统进行新的调整。

第四节　时间窗口动态优化

为了优化我们的系统，我们会取一段固定时间长度的训练集，并在此基础上进行系统优化。第四章的训练集包含了上海铝期货主力合约从 2014 年 1 月 1 日到 2017 年 12 月 31 日的数据，而本章第三节的测试集采用的是从 2018 年 1 月 1 日到 2019 年 12 月 31 日的数据。

很明显，这种在特定市场中取固定的训练集以及测试集数据进行交易系统优化存在很多弊端。因为在这个过程中只有 1 个训练集和 1 个测试集，而测试集往往是离现在较近的数据。而实际上，只有训练集中的数据量足够多，才可以有效地训练系统，使其适应更多的市场状态。因为第四章介绍的那些优化方法在某一段较短的时间内对一个稳健的系统是有效的，但是市场结构在长期来看总是会发生变化的，而一个完全静态的优化方法只能给出一套永远不变的系统参数，终究会失败。要记住，没有什么系统是可以永远有效的，我们必须适时调整参数去适应市场，这就要求我们要去研究更加动态和灵活的优化方式。

市场信息瞬息万变，每当有新的交易数据出现的时候，就预示着市场发生了新的变化，我们之前的所有回测都基于同样时间段的一个样本空间，无法反映样本时间段之外市场的这些变化情况。因此，为了使交易系统更加稳健，需要将新的交易数据不断地加入回测样本，检验目前的系统是否仍然具有盈利能力，这种方法就是利用时间窗口进行重采样的回测。

利用时间窗口进行数据重新采样有两种方法：一是固定时间窗口的起始时间，但时间窗口的结束时间不断延长，将最新的数据加入训练集，是一种变换样本空间长度的方法（如图 7-5（a）所示），该方法能够保留超长时间的数据，包含了各种各样的市场结构和运行状态对应的交易数据，但是由于最新的交易数据在样本整体中占据的比重较低，因此对于市场结构变化的反应速度存在滞后；二是滚动时间窗口方法，该方法始终保持时间窗口长度不变，同时改变时间窗口的起始和结束时间，是固定样本空间长度的方法（如图 7-5（b）所示），该方法放弃了较早的数据，如果时间窗口不够长的话无法包含较多的市场结构和运行状态，但是优点在于最新数据的权重较高，对市场的反应较快。两种方法各有优劣，但是都能对系统的稳健性进行检验。

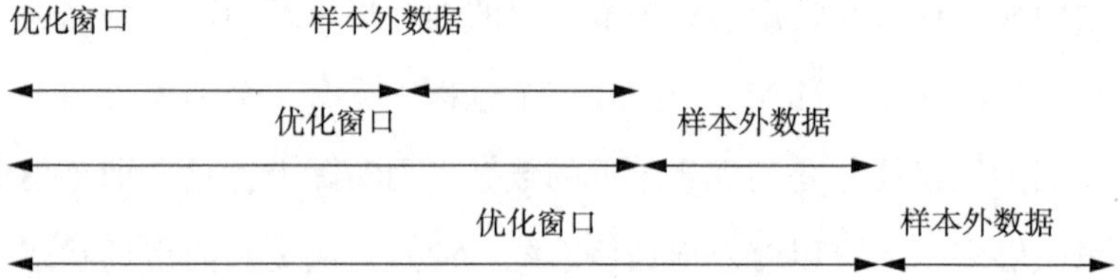

（a）固定起始时间窗口

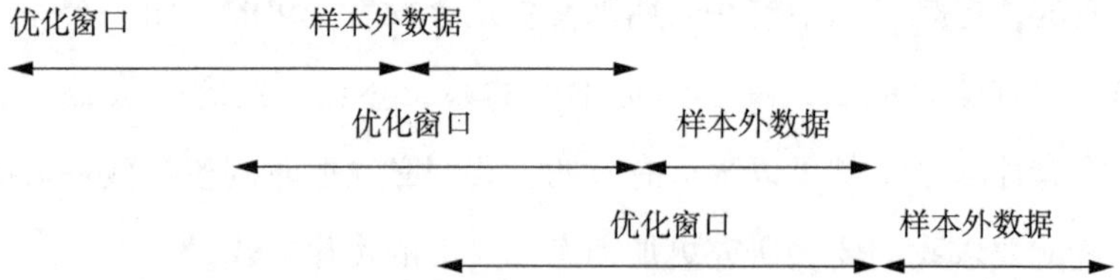

（b）滚动时间窗口

图 7-5　利用时间窗口进行重采样的方法

一、固定起始时间窗口

以 2014 年 1 月 1 日作为固定的起始时间，第一个组数据集的结束时间是 2015 年 1 月 1 日，之后每个数据集的结束时间往后推一个月，一共构造 48 个待测行情数据集。对于每个数据集，选择参数 Fast = 6，Slow = 12，StopLoss = 900，TrailingStop = 4500，ProfitTarget = 6000 进行回测，统计 48 组数据集的夏普比率变化如图 7-6 所示。

图 7-6 固定起始时间窗口的样本内夏普比率变化

从图 7-6 上看，该组参数的夏普比率在结束时间为 2015 年 11 月和 2017 年 3 月之间的时候表现最好，此后逐月开始下降，意味着投资效率的不断降低。主要原因在于随着时间窗口长度的增加，该合约的价格变化模式也在不断变化，固定的一组参数不能够很好地适应新的价格变化模式，这种现象给了我们以下三点启示：首先，在进行交易系统优化的时候我们应当尽可能地包含更长期的数据，将所有的可能性都考虑进来；其次，在实际应用中要不断对投资效果进行考核，并选取合适的时间对参数组合进行调整；最后，单一策略和单一参数组合的投资稳定性也是一种风险，建议考虑进行策略、参数和证券合约的组合投资，关于投资组合的一些理念会在最后一章进行介绍。

分别以 2020 年 1 月 1 日作为固定的结束时间，第一个数据集的开始时间是 2015 年 1 月 1 日，之后每个数据集的开始时间往后推一个月，一共构造 48 个待测行情数据集，这些数据集和前面固定起始时间的 48 各数据集相对应。对于每个数据集，选择参数 Fast = 6，Slow = 12，StopLoss = 900，TrailingStop = 4500，ProfitTarget = 6000 进行回测，统计 48 组数据集的夏普比率变化如图 7-7 所示。

图 7-7　固定结束时间窗口的样本外夏普比率变化

从图 7-6 可以看出，如果我们选用 2017 年 5 月作为行情的起始节点，之后任意长度的数据都是负夏普比率，在这种情况下，该交易系统完全丧失了投资的价值。这一结果反映了进行多种系统稳健性检验的必要性。

二、滚动时间窗口

以 36 个月作为滚动时间窗口的长度，第一个用于测试的数据集开始时间是 2014 年 1 月，结束时间是 2016 年 12 月，之后每个数据集的时间窗口整体向后推一个月，可以构造出 36 个数据集。对于每个数据集，我们选择参数 Fast = 6，Slow = 12，StopLoss = 900，TrailingStop = 4500，ProfitTarget = 6000 进行回测，统计它们的夏普比率变化如图 7-8 所示。

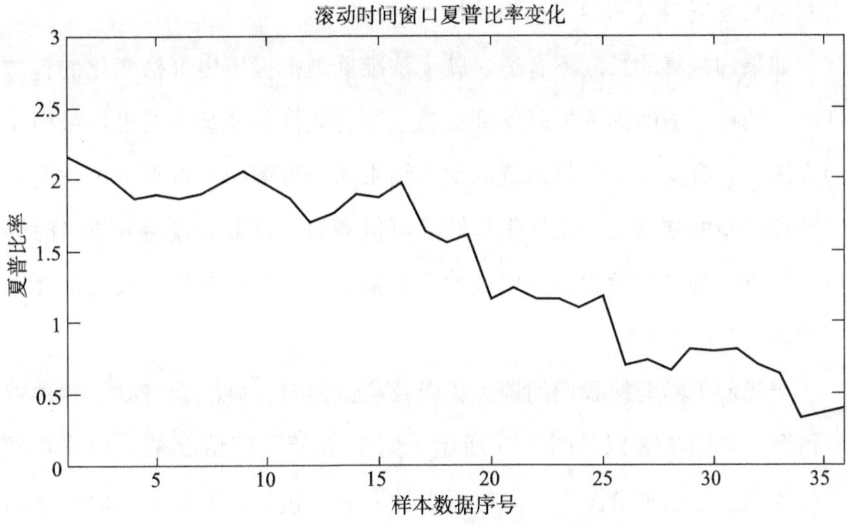

图 7-8　滚动时间窗口夏普比率变化

图 7-8 所显示的最优参数明显与图 7-5 上的不同。图 7-5 上夏普比率甚至还有一段时间有短暂的上升趋势，而图 7-8 上的夏普比率则是一路下降。考虑到我们在进行参数优化时采用的是 2014 年 1 月 1 日至 2017 年 12 月 31 日的行情数据，所以这套参数在前 12 组数据（开始日期分别为 2014 年 1 月至 12 月，结束日期分别为 2017 年 1 月至 12 月）表现比较好，而在包含了 2018 年和 2019 年数据的后 24 组数据中表现

得很差，这也说明我们之前的优化结果是一种“过度拟合”，采用这套参数并不能够在长期给我们带来稳定的收益。

第五节　本章小结

每一次做优化，特别是进行动态优化的过程中，有一个问题是必须要注意的，那就是交易系统应该多长时间更新参数。是应该一天优化一次、两周优化一次还是每年优化一次？这要同时考虑到计算机的计算能力，以及市场本身的内在结构特性。

如果训练集的长度不合适，就无法准确地把握历史价格变化的整体规律。选择合适的训练集是保证交易系统有效性的最基本的也是最简单的方法。只有这样，交易系统的检验结果才是可信的，否则不论我们时间窗口检验的结果有多么好都是缺乏可信度的。再多的盘后分析、时间窗口分析、测试集检验和任何其他方法都无法弥补样本数据长度选择不当带来的缺陷。

当我们不断变换我们的训练集以及测试集时，可能会有以下两种极端情况，如图 7-8 以及图 7-9 所示。图 7-8 所示的情况是一种非常理想的状态，在这种情况下，能够成功地取到了包含完整市场周期信息的数据，这样优化出的系统在未知的测试集中将会有同样优秀的表现。而图 7-9 则是一种极差的情况，因为训练集中包含的市场信息与测试集中包含的市场信息是完全不同的，在这种情况下没有任何优化方法能够捕捉到市场真正的趋势与特征。显然在实践中，很难出现这两种极端情况的，我们理想的目标是在计算能力范围之内尽量多的选择训练集样本长度。

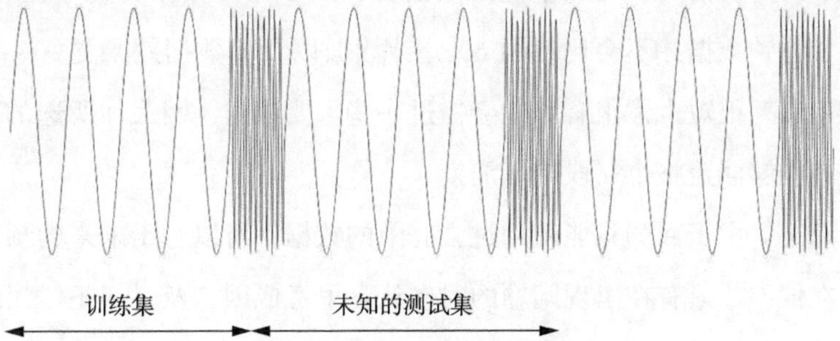

图 7-9　最佳的训练集选取

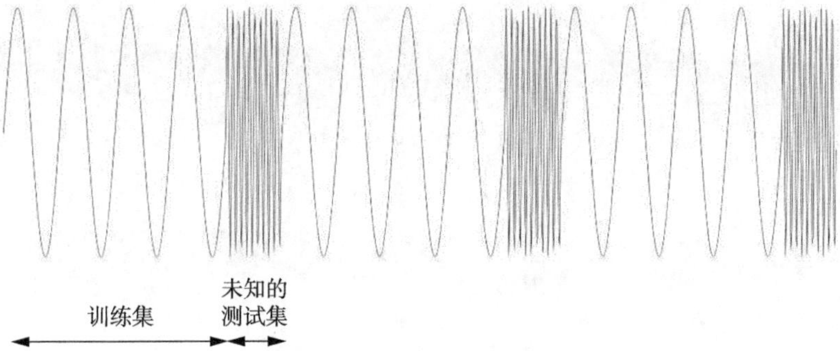

图 7-10　最差的训练集选取

即便是找到最佳的窗口长度以及测试集数据占总体数据量的比例，而且一系列分析结果显示系统逻辑正确、回测结果良好，那么能够肯定这套交易系统已经很好地适应市场了吗？事实并非如此。这是因为如果选用的数据长度不够，即使花费再大的心思对数据进行各种分割，也无法预测那种十年一遇的大崩盘。但整体上，训练集的数据量越大，越有可能包含未来的市场结构状态。

在关注训练集长度的同时还要注意数据表现出分形特征。20 年的日数据大概有 5000 条数据，而 1 年的 15 分钟数据也有 5000 条数据，这两者会表现出很多相似的特征，比如说趋势特征、支撑与阻力位、双底、箱体突破等。但这能说明 1 年的 15 分钟数据与 20 年的日数据具有相同的研究价值吗？当然不能。假设要利用 1 年的数据分析一次暴跌，使用 3 分钟数据并不会比使用 60 分钟数据以及日数据效果更好。如果优化窗口期很短，你很有可能会错过一些重要数据，因为你所选的数据往往不能够涵盖整个一段市场周期。

总之，由于回测只能使用过去有限的数据，所以对于未来的预测总是存在偏差。只有在出现问题的时候认真思考成因，及时纠正错误才能真正在交易中始终占据有利地位。

第八章 交易系统的资金管理

在使用交易系统进行证券投资时，对于策略进行风险管理方法是控制开仓与平仓的价差，也就是选择合适的入场点和离场点，但是这种方法的目标仅仅是最小化交易过程中会出现的风险，想要让系统能够保持长期稳定的盈利，则更依赖本章所介绍的资金管理和投资组合管理等方法。这里所说的“资金管理”是指对单个合约在不同盈利或亏损水平下的资金分配方法，而“投资组合管理”则是指同时投资多个合约时对每个合约的资金分配方法。

第一节 定 义

资金管理又叫仓位管理，目标是有效地利用资金在风险最低的情况下获得更大收益，它包含三个方面的内容：首先是设置总仓位的大小，即采用多少比例的资金去投资，尤其对于自身具备杠杆的投资标的（例如期货合约），经常处于满仓的状态是非常危险的；其次是在不同情况下加减仓的幅度，只有通过合理的加减仓进行风险平价才能够在最大化收益的前提下保证资金的安全；最后是选择如何去估计风险以及贝塔值。

一个交易系统的成功很大程度上取决于正确的资金管理方法，使用合适的资金管理的方法，不仅可以保持账户资金不发生大规模亏损，还能增加盈利的机会，因为即使交易系统对于持仓方向和数量等出现错误的判断，在正确的资金分配比例下，单个交易也不会带来太大的亏损。

所有的资金管理方法都有一个共同点：必须基于正期望收益的交易系统。虽然加入资金管理可以使得在市场整体状况向好的时候增加持仓量，在不好的时候减少持仓量，但是只有系统本身具有盈利能力才能通过资金管理获得不俗的收益。总之，好的交易系统不需要有一个非常精准的开平仓价位，但是一定要有一个合适的资金管理方法。

第二节　资金管理方法

资金管理方法有很多种，比如最大回撤法、固定风险头寸比例法、固定调仓金额法、凯利公式（Kelly formula）、最佳 F 值（Optimal F）、利润风险法（Profit Risk Method）等。本章选择了四种在投资实战中简单有效的方法进行示范。

一、固定数量投资

为了与其他几种资金管理方法对比，首先介绍一下固定数量投资。这种方法每次只交易固定数量的证券合约，它的实用性有限，适合小规模资金和高流动性投资标的。

仍然以第四章优化过的交易系统为例，假设铝期货的行情价格是14000 元/吨，那么 1 手铝的合约价值为 7 万元（每手合约 5 吨），保证金为合约价值的 5%是 3500 元（还要看经纪商对客户的要求是否提高保证金比率）。该交易系统回测采用的初始资金是 5 万元，在每次只交易 1 手的情况下，资金使用率是 7%，杠杆是 7 万/5 万＝1. 4 倍，而如果我们把资金使用率提高到 98%，则能够交易 14 手，总市值 98 万，杠杆是 19. 8 倍，两者的杠杆具有 14 倍的差异。这种大幅度提高资金使用率的方式是很危险的：当我们持仓 14 手的时候，要求系统的最大回撤不能超过 7. 2%，因为这意味着一旦达到最大回撤就会产生 100%的损失而且再无机会挽回损失。

那我们应该如何设置这个固定数量呢？

从最大回撤率的角度来看。根据表 6.1，如果每次只交易 1 手，即使遇到了最不幸的情况（即在最大回撤之前的高点开始使用这个交易系统），所遇到的最大亏损可能是 2360 元，加上 1 手的保证金 4312.5 元（对应数据集中铝期货最高价 17250 元/吨的保证金），初始资金在 1 万元即可。将初始资金调整为 1 万元，重新对 2014 年 1 月 1 日至 2019 年 12 月 31 日的行情数据进行回测计算绩效指标见表 8.1①：

表 8.1　不同初始资金的绩效指标对比一

初始资金	夏普比率	最大回撤率	最大回撤期	年化收益率
5 万元	1.1634	6.86%	2678 小时	12.82%
1 万元	1.4325	15.96%	2678 小时	34.84%

从表 8.1 的对比可知，虽然资金使用率从 6672.5/50000 = 13.34% 提高到 5 倍多的 6672.5/10000 = 66.72%（14000/20000），杠杆从 1.725 倍提高到了 8.625 倍，但是交易系统的绩效并没有取得相应幅度的提高，其中夏普比率只提高了 0.27，年化收益率只提高到不到原来的 3 倍，而我们最不喜欢的最大回撤率也提高到接近 3 倍于原来的 6.86%。由此看来，提高杠杆带来的风险增加比收益增加要快得多，因此要格外小心地对待杠杆。

这里提醒读者们需要注意的是：

首先，以上的计算并不足够精确，因为铝期货合约在这 67 年里还曾跌到过 9500 元/吨左右的时候，这时总资金为 0.5 万元就可以使用这个交易系统。这也是为什么我们之前一直要设置初始资金，并计算每条行情对应的总权益，进而计算收益率和净值的原因。

其次，大部分投资者的账户资金不会这么精确的设置。为了避免意外事件的发生，他们会多预留一些保证金，那么整体的绩效指标就会有所下降。

---

① 请注意这里使用了全部的数据，所以指标跟表 6.1 有所区别。

最后，价格突破类策略在开仓时能够实现的交易量是有限的，所以我们考虑了滑点的因素，希望能在更大的价格范围内去交易。但即便是这样，超大资金想在固定的价格附近上真正实现理论持仓也是很困难的，这就涉及投资组合和策略容量的问题。

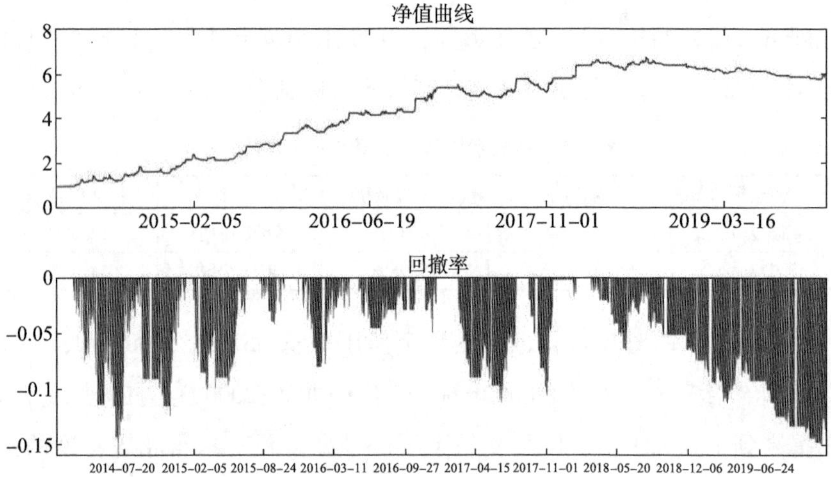

（a）初始资金为 1 万元

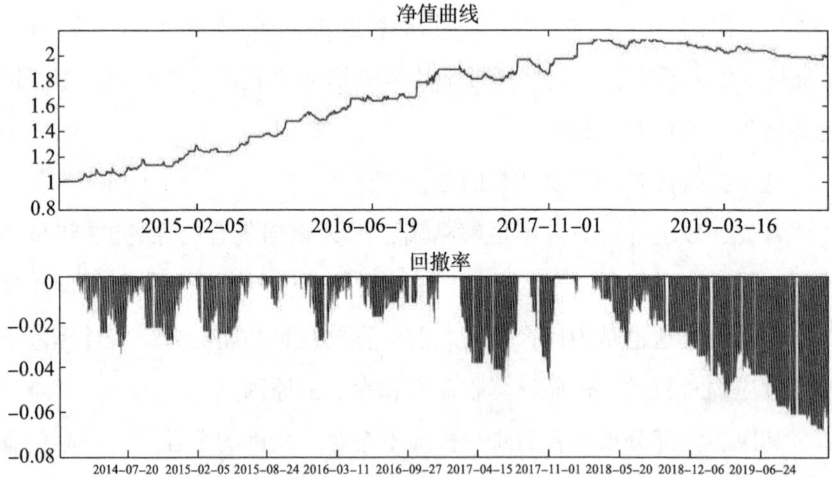

（b）初始资金为 5 万元

图 8-1　不同初始资金下的净值曲线和回撤率柱状图

图 8-1a 和图 8-1b 分别给出了初始资金 1 万元和 5 万元的系统表现，从图上可以看出不同初始资金所面临的风险和收益都是不一样的，如果单纯从比例上对策略进行判断会有失公允。

二、最大回撤资金管理

最大回撤资金管理的方法是由拉里·威廉姆斯（Larry Williams）在 1990 年提出的，他本人创造了著名的威廉指标，同时也是举世闻名的期货交易员、基金经理和专栏作家。这种资金管理方法是基于风险的资金管理方法：每个交易者都希望能够在最大回撤的时候持有足够多的权益，以便在市场转好时能够快速恢复到回撤之前的净值。这要求最起码要有足够的资金来支付最大回撤金额以及保证金（包括合约保证金和风险保证金），也就是说增加仓位的前提是盈利达到一定水平，这时盈利的幅度至少能够支付新增仓位的保证金以及基于当时价格的最大回撤金额。例如第四章中优化过的交易系统最大回撤率是 4.72%，那么只有盈利超过总权益的 4.72%再加上当时一手的保证金之后才能再多开一手。为了让这个方法更加安全，威廉姆斯建议最好把增加一手交易的门槛提高一些，当权益增加到能够支付 1.5 倍最大回撤加上一手交易的保证金时再增加一手交易，这样能够保证即使发生最大亏损也不至于血本无归。这里的 1.5 倍可以看作调节系数，为了考察最大回撤率资金管理在不同调节系数时候的差异，分别取值为 50%、100%、120%、150% 和 200%，在初始资金 5 万元的基础上进行最大回撤资金管理，绘制净值曲线和持仓量柱图如图 8-2 所示：

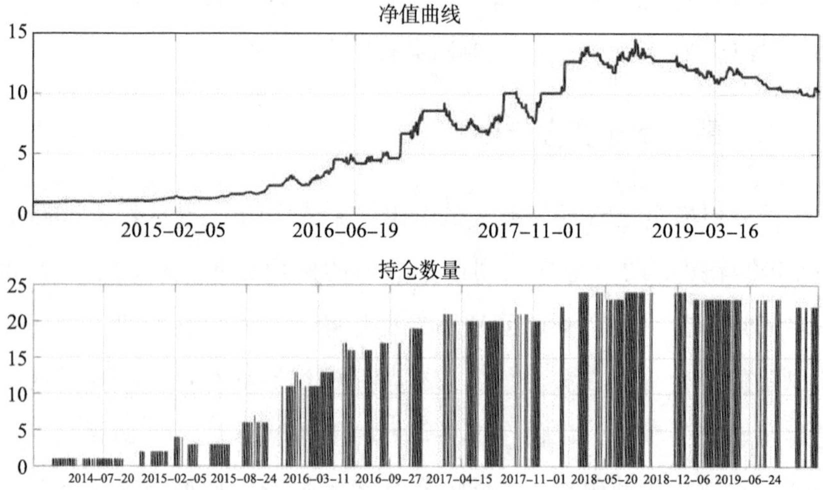

（a） 50%最大回撤金额

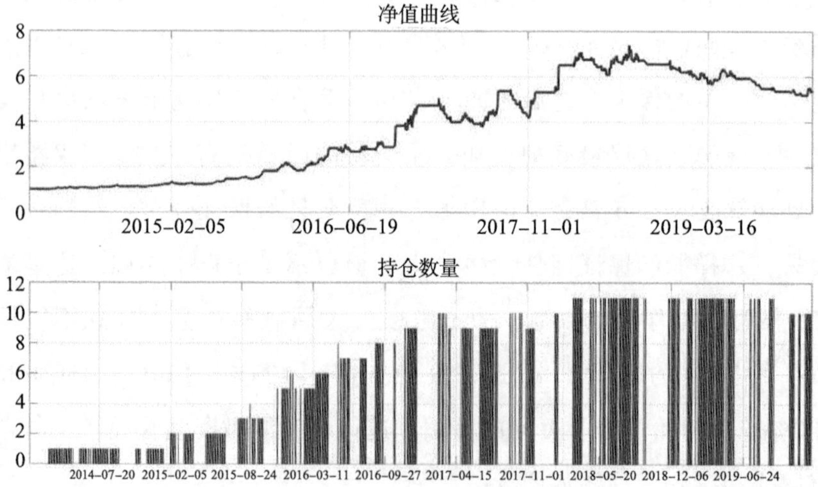

（b） 100%最大回撤金额

图 8-2 最大回撤资金管理的净值曲线和持仓量柱图

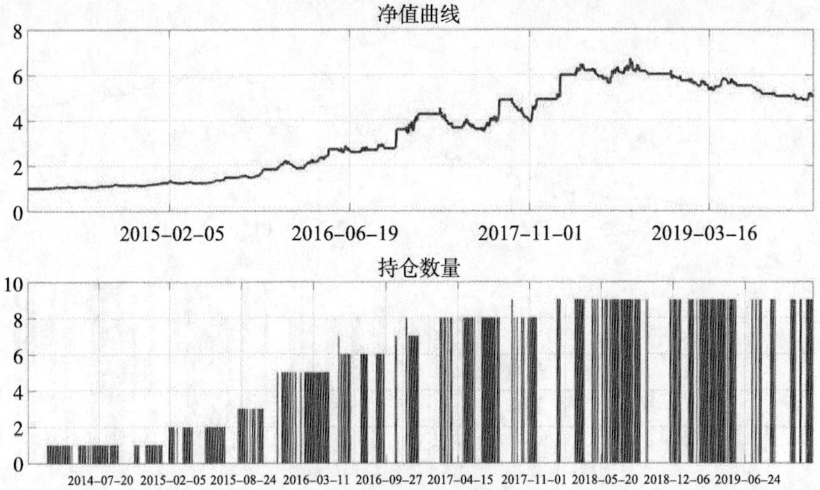

（c）120%最大回撤金额

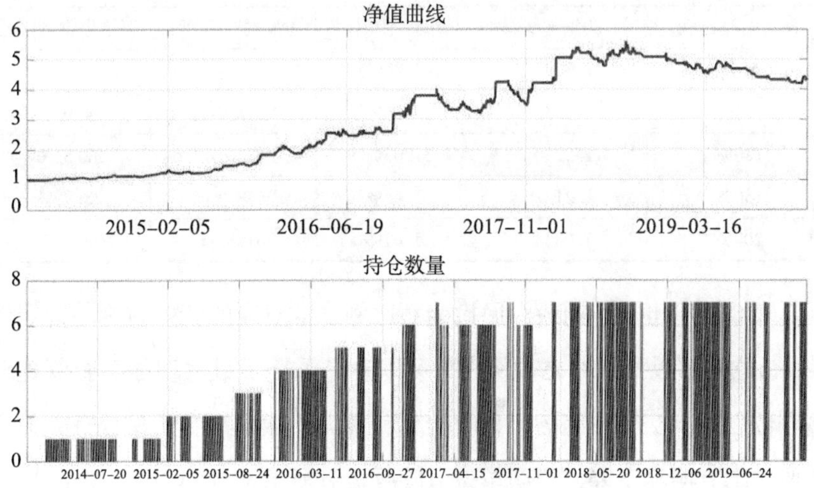

（d）150%最大回撤金额

图 8-2　最大回撤资金管理的净值曲线和持仓量柱图（续）

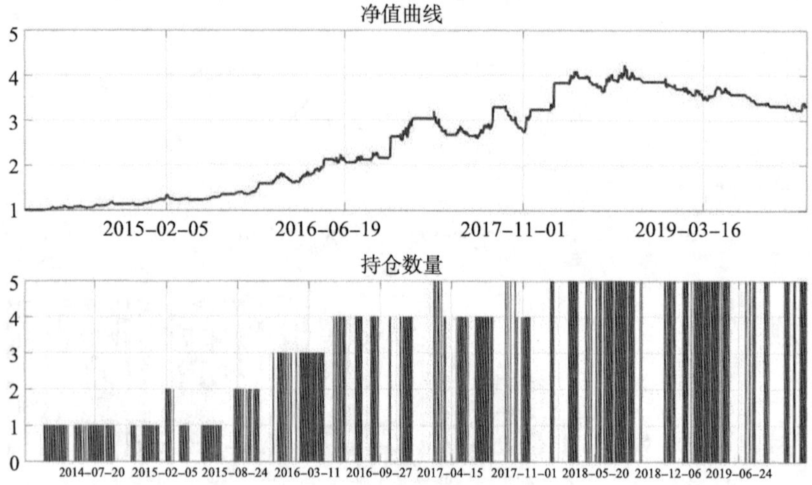

（e）200%最大回撤金额

图 8-2　最大回撤资金管理的净值曲线和持仓量柱图（续）

表 8.2　最大回撤资金管理的绩效指标对比

最大回撤比例	夏普比率	最大回撤率	最大回撤期	年化收益率
50%	1.3395	43.87%	2678 小时	48.13%
100%	1.2535	35.84%	2678 小时	34.05%
120%	1.2240	31.03%	2678 小时	32.51%
150%	1.2122	27.46%	2678 小时	28.99%
200%	1.0854	24.07%	2678 小时	23.17%

表 8.2 给出了不同最大回撤金额比例系数对应的绩效指标与固定开 1 手仓位的绩效指标对比。从表中可以看出采用了最大回撤资金管理调整仓位之后，交易系统的年化收益率和最大回撤率都有明显提升，但是夏普比率有明显下降，说明单位风险收益有所下降。

三、风险比例资金管理

拉尔夫·文斯（Ralph Vince）提出风险比例资金管理的方法，也叫作固定风险头寸比例资金管理，它需要在每次交易之前根据固定的风险头寸比例计算出当期交易的持仓量目标。比如说如果账户里有 10000 元，而设定的风险头寸比例是 2%，那么这次交易最多拿出 200 元来冒险，当持仓亏损超过 200 元时就应该平仓离场。因此，200 元其实对应了静态止损的阈值。在第四章的静态止损优化中，我们已经找到了该交易系统在训练集中每一手持仓的最佳止损阈值为 2000 元。这意味着如果想要研究 2%风险头寸比例的交易过程，初始资金应该设置为 2000/0.02=10 万元。如果想要增加一手持仓，则需要盈利 10 万元才可以，在总权益低于 20 万元时只能持有一手。

这就出现了问题——我们没有办法在账户初始资金 10000 元，静态止损阈值 900 元时，将风险头寸比例设为 2%去交易一手铝期货合约，因为 10000×2%<900。而解决这个问题的办法是调整资金管理或者风险管理办法，必须从中进行选择：

- 改变风险管理方法：对于止损更加严格以降低每笔交易的风险
- 改变资金管理方法：增加账户资金或者增加风险头寸比例

如果选用第一种方法，意味着要改变静态止损的阈值。这就需要重新进行对于静态止损阈值的研究，但是静态止损阈值并不能无限地被降低，第四章的内容已经证明了：过低的止损和止盈比例会增加交易成本，降低获利比例，甚至可能会将一个原本盈利的策略变成一个亏损的策略。既然无法改变风险管理方法，只能改变资金管理方法并且将初始账面权益值提高一些。这种做法在计算和执行上都更加简单一些，但是在实际中却意味着要在账户里存入更多的资金。这就是为什么资金量小的个人投资者很少使用资金管理方法，而资金量大的机构在长期来说更容易通过交易盈利的原因。

在初始资金 5 万元，风险头寸比例分别为 5%、10%和 20%时对应的净值曲线和持仓量柱状图如图 8-3 所示：

（a）风险头寸比例 5%

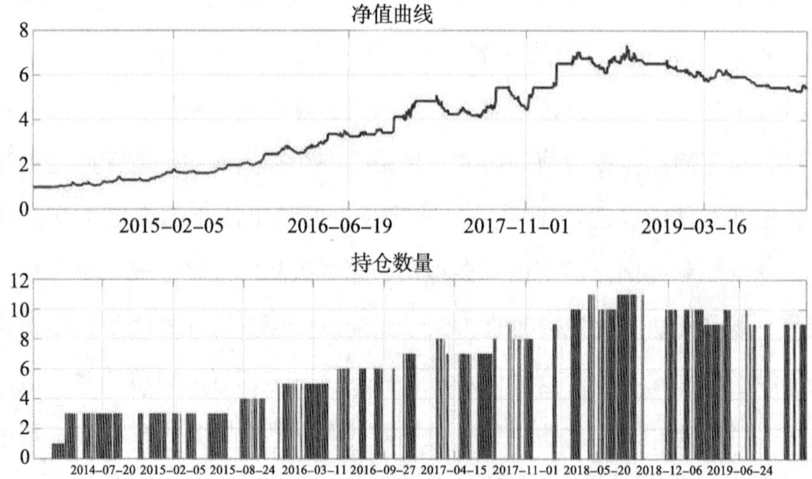

（b）风险头寸比例 10%

图 8-3　风险头寸比例

（c）风险头寸比例 20%

图 8-3　风险头寸比例（续）

从图 8-3 可以看出，风险比例设置得越高，持仓量增加就越快，净值波动也就越大。

表 8.3　风险比例资金管理的绩效指标对比

风险比例	夏普比率	最大回撤率	最大回撤期	年化收益率
5%	1.2354	17.44%	2678 小时	22.29%
10%	1.3009	33%	2678 小时	33.77%
20%	1.2925	75.52%	2678 小时	52.91%

从表 8.3 上可以看出，风险比例资金管理方法同时提高了交易系统的最大回撤率和年化收益率，但是夏普比率在风险比例超过 10%之后并没有提升。这说明风险比例的设定同样不是越高越好，过高的风险比例阈值会导致权益的大幅度波动，如果过分设定风险比例有可能会造成爆仓的结果。

四、固定金额资金管理

固定金额资金管理方法是赖安·琼斯（Ryan Jones）是 1999 年在他

的书《交易游戏》（*The Trading Game*）中提到的。这种资金管理方法中最关键的参数是 delta，指的是要增加一手交易所要增加的盈利值。如果 delta 是 10 000 元，那就意味着如果目前交易 1 手，要再增加 1 手交易，则要求账户权益至少要增加 10 000 元。如果我们已经交易 2 手，若要开始交易第 3 手则要求账户权益增加 20 000 元，以此类推。计算交易手数公式如下：

$$N=0.5\times\left(\left((2\times N_0-1)^2+8\times\frac{P}{delta}\right)^{0.5}+1\right)$$

其中，N 是当前交易持仓数量，N_0 是初始交易仓位，P 是所有盈利值，delta 是前面讨论的参数。

盈利值 P 是为了计算交易手数而计算的所有交易的累计盈利值。将 $P=0$ 代入上式可以看出，初始的仓位总是 N_0。需要注意到权益值并没有出现在以上计算公式中，所以改变初始资金量并不会影响交易的头寸。交易的风险也不在以上的公式中，所以当我们使用固定调仓金额比例资金管理方法时，只有累计盈利值以及 delta 值影响交易手数。

Ryan Jones 的固定金额资金管理方法要比 Ralph Vince 提出的风险比例资金管理方法要更为保守。下面对两种资金管理方法进行对比：

- Ralph Vince：固定风险头寸比例持仓量=常数×账户规模
- Ryan Jones：固定金额持仓量=常数×账户规模的平方根

从图 8-4 中可以看出，第一种方法确定的持仓量随着账户规模增加呈线性增加，而第二种方法确定的持仓量则是随着账户规模的平方根呈线性增加。第二种方法开始时交易数量增加的比较激进（速度较快），但是后期却比较保守（速度较慢）。

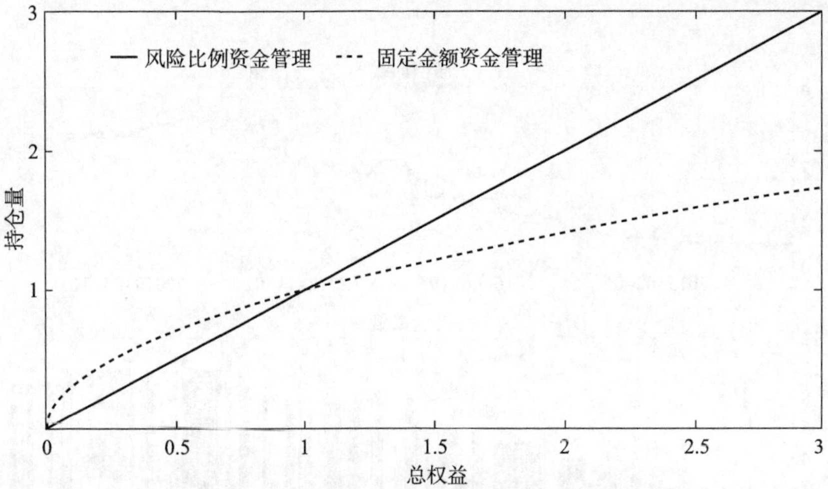

图 8-4　固定金额和风险比例资金管理方法持仓变化对比

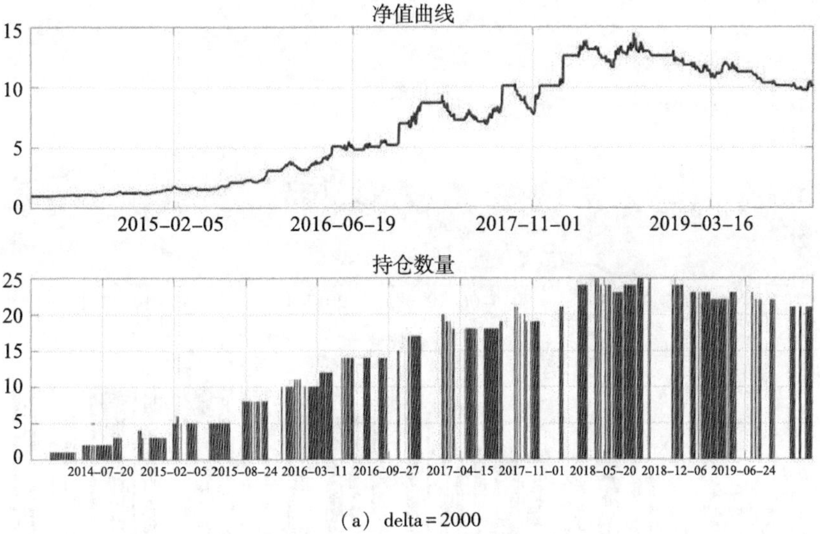

（a） delta = 2000

图 8-5　固定金额资金管理

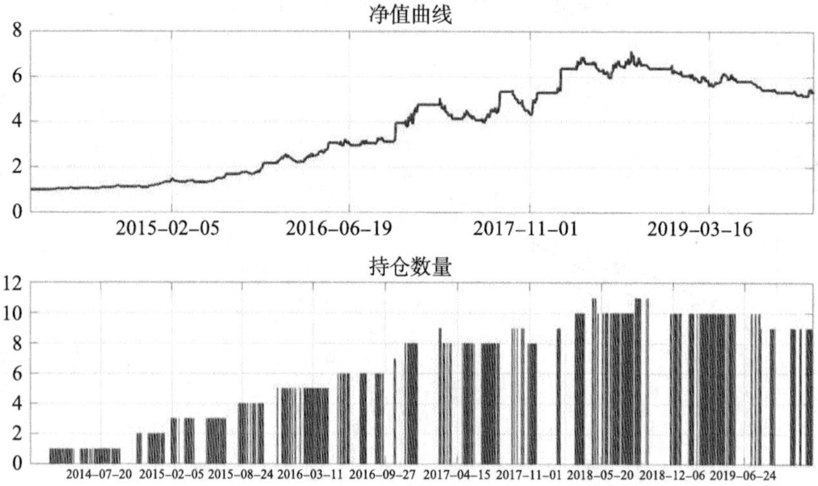

（b） delta = 5000

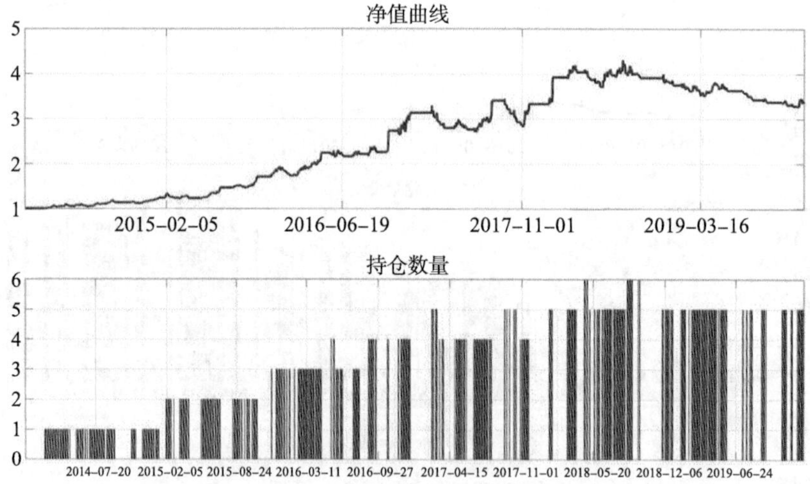

（c） delta = 10000

图 8-5　固定金额资金管理（续）

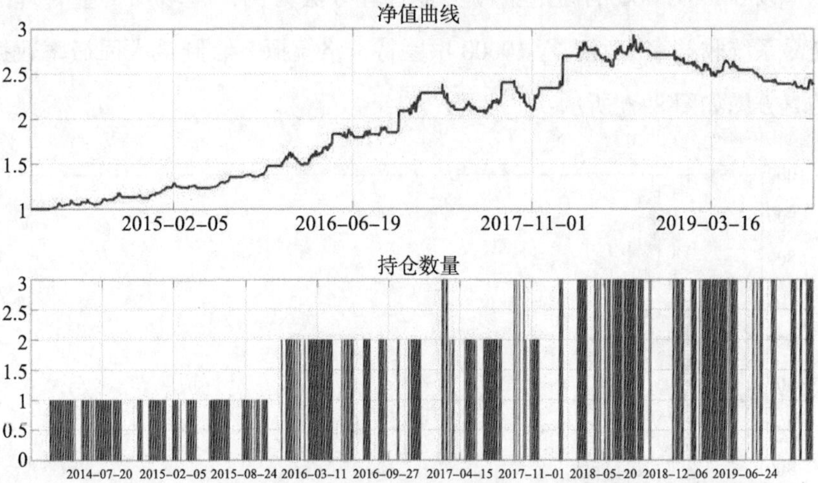

(d) delta = 20000

图 8-5　固定金额资金管理（续）

表 8.4　固定金额资金管理的绩效指标对比

Delta	夏普比率	最大回撤率	最大回撤期	年化收益率
delta = 2000	1.4223	44.18%	2678 小时	47.04%
delta = 5000	1.2918	32.71%	2678 小时	33.25%
delta = 10000	1.1299	24.12%	2678 小时	23.95%
delta = 20000	0.9706	18.31%	2678 小时	16.92%

从表 8.4 中可以看出，随着 delta 值的增大，该资金管理方法对最大回撤率和年化收益率的影响越来越小。当 delta 值比较小的时候，仓位和总权益的波动较大。

第三节　资金管理的蒙特卡洛模拟

在进行资金管理方法筛选的时候也要进行蒙特卡洛模拟，因为采用了更高的杠杆之后可能会遇到总权益的剧烈波动，如果最大回撤率在蒙特卡洛模拟时经常超过 1 的话，那我们就不能采用这种资金管理方法。

以 delta=2000 的固定金额资金管理方法为例，将增加资金管理的交易系统收益率序列进行 10000 次蒙特卡洛模拟，绘制最大回撤率数据的直方图如图 8-6 所示：

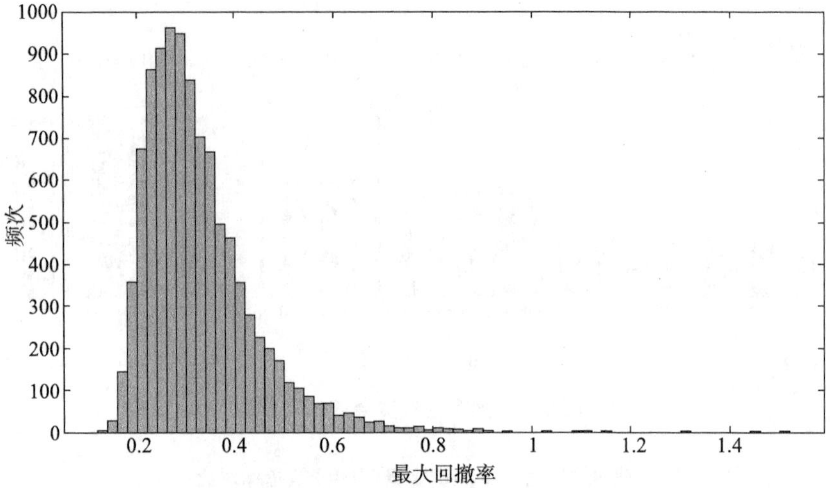

图 8-6　最大回撤率分布直方图

注：delta=2000 的固定金额资金管理方法。

从图 8-6 可以看出，10000 次蒙特卡洛模拟中出现了 8 次最大回撤超过 100%，719 次最大回撤超过 50%和 5110 次最大回撤超过 30%的情况，实盘采用这种资金管理方法的话存在亏损掉所有本金的可能性，这是非常危险的，因此不宜将 delta 值设置过低。

资金管理类型的选择依赖于投资者的风险偏好。它是一把双刃剑，无论采用什么样的资金管理策略，都会同时放大交易系统的盈利和损失。如果调节得当，它能够有效提高交易系统的盈利能力，而一旦风险敞口过大，产生的损失也是成倍增加。同时，对于有盈利能力的交易系统来说，随着交易次数的增加，总资金也会不断增加，仓位不断提高，这会对合约的流动性和系统的交易提出更高的要求，同时也限制了策略的投资容量。为了解决这些问题，就需要进行跨品种甚至跨市场投资，构造投资组合以满足流动性和容量需求。

第九章

交易系统的投资组合管理

前文展示了如何去优化、测试和评估交易系统的各种方法，它们有的可以最小化风险，有的可以最大化收益，如何合理地运用这些方法取决于使用者本身对于交易系统和合约价格变化模式的认识。

小规模的资金只能进行一两个合约的投资，而且持仓量很小，不会对合约价格造成冲击；而对于大规模的资金来说，如果只投资一两个合约的话可能需要有很大的持仓量，这时我们不仅仅要考虑开平仓的点位，更重要的是要考虑合约的流动性和建仓方法，以防大笔的交易对价格造成冲击。① 这时，我们就需要考虑将资金分配到多种合约之上，进行投资组合管理。

在交易实践中，投资组合不仅局限于配置不同的风险资产，而且也包含对同种风险资产采用多种投资策略，甚至同时对不同风险资产进行多种投资策略的投资（FOF 的理念就起源于此）。不论采取什么样的投资组合构建方法，共同的目标是平滑权益曲线的波动，减少交易给市场带来的冲击。

① 历史上出现过很多次的“乌龙指”事件就是由于交易员在报单的时候打错了数量导致的。

第一节　投资组合理论

投资组合理论是诺贝尔经济学奖得主马科维茨（Markowitz）在1952年提出的，他的《投资组合选择》（*Portfolio Selection*）一文发表在当年的《金融期刊》（*The Journal of Finance*）上。在这篇论文中，他利用均值-方差效用函数对投资组合的有效前沿面进行了细致的分析，并得出了通过构造投资组合可以降低投资风险的结论。

假设我们投资标的是两种风险资产（可以是任意的股票、期货、期权、掉期等），它们收益率序列分别为随机变量$\widetilde{R_1}$和$\widetilde{R_2}$，其中$\widetilde{R_1}$的期望值$E(\widetilde{R_1})$为μ_1、方差为σ_1^2，$\widetilde{R_2}$的期望值$E(\widetilde{R_2})$为μ_2、方差为σ_2^2。计划分配投资比例ω在$\widetilde{R_1}$上，$(1-\omega)$在$\widetilde{R_2}$上，那么投资组合p的收益序列

$$\widetilde{r_p}=\omega\widetilde{R_1}+(1-\omega)\widetilde{R_2} \tag{9-1}$$

$\widetilde{r_p}$同样是一个随机变量，它的期望值和方差为：

$$E(\widetilde{r_p})=\omega E(\widetilde{R_1})+(1-\omega)E(\widetilde{R_2})=\omega\mu_1+(1-\omega)\mu_2 \tag{9-2}$$

$$Var(\widetilde{r_p})=Var(\omega\widetilde{R_1}+(1-\omega)\widetilde{R_2})=Var(\omega\widetilde{R_1})+Var((1-\omega)\widetilde{R_2})+2\omega(1-\omega)$$

$$Cov(\widetilde{R_1},\widetilde{R_2})=\omega^2\sigma_1^2+(1-\omega)^2\sigma_2^2+2\omega(1-\omega)\sigma_{1,2} \tag{9-3}$$

令$\sigma_{1,2}=\rho\sigma_1\sigma_2$，公式9-3可以改写为：

$$Var(\widetilde{r_p})=\sigma_p^2=\omega^2\sigma_1^2+(1-\omega)^2\sigma_2^2+2\omega(1-\omega)\rho\sigma_1\sigma_2 \tag{9-4}$$

下面我们用浦发银行和贵州茅台两只股票为例绘制由两种风险资产构成的投资组合在不同权重组合下的风险和期望收益之间的变化。首先下载浦发银行和贵州茅台2015年1月1日至2019年12月31日的包含

红利再投资的日收益数据，然后分别计算收益率期望、方差，以及协方差矩阵，并利用 Matlab 自带的 portstats 函数绘图如图 9-1 所示，图中标记了几个特定组合的位置，其中 w_1 是浦发银行在组合中的权重，w_2 是贵州茅台在组合中的权重。从图上可以看到在 $w_1=0.4$，$w_2=0.6$ 处组合接近收益风险比较高的位置。

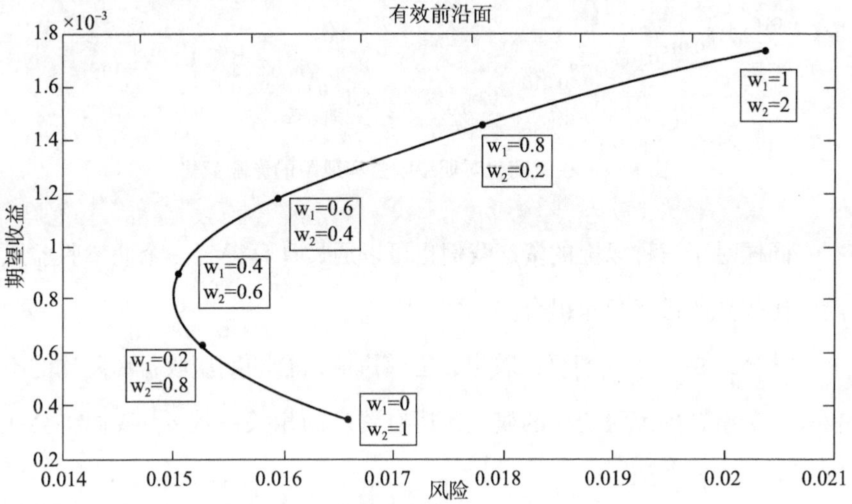

图 9-1　不同权重时投资组合期望收益率和风险的变化

图中的曲线代表了组合的有效前沿面，曲线上的点代表了某一投资比例，该点的横坐标对应该投资组合的波动率，纵坐标对应该投资组合的收益率。明显可以看出，在某一中投资比例之下投资组合能够取得更低的风险。如果同时等比例投资于 n 种两两不相关的风险资产，假设它们的方差近似相等，均为 σ^2，那么这个投资组合的方差 $\sigma_p^2=\frac{\sigma^2}{n}$。这一方面说明投资多种资产可以降低投资风险，另一方面说明资产之间的相关程度对投资组合风险也有影响。

为了更加直观地看到浦发银行权重 w_1 如何推动投资组合的收益率和方差的变化，绘制三维图如图 9-2 所示：

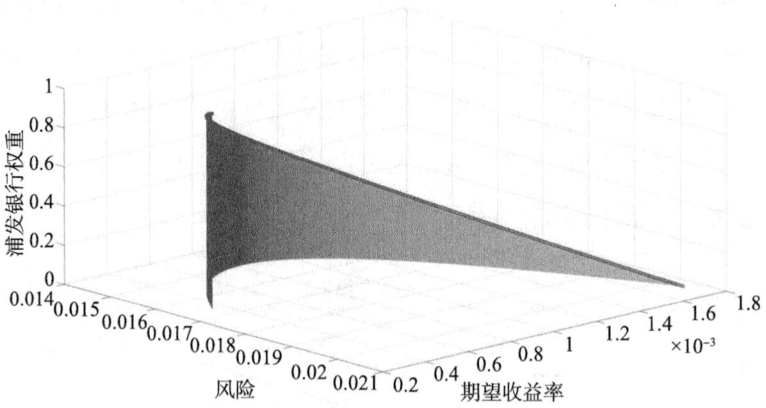

图 9-2　权重变化对期望收益和风险的影响变化

同样对于三种以上的资产我们也可以通过计算得到一个期望收益风险之比较高的最优权重组合。

从公式 9-4 中我们可以看出，能够影响组合的期望收益风险比的不仅有投资组合中风险资产的权重，还有资产的相关系数 ρ，我们将会在下一节中进行介绍。

第二节风险资产的相关性

上一节最后指出了相关系数 ρ 会影响组合的期望收益风险比，下面我们首先通过图 9-3 来直观地展示相关系数 ρ 对组合风险和期望收益的影响：

图 9-3 同样采用了上一节浦发银行和贵州茅台的数据，但我们强制将相关系数从实际的 0.3768 改为了 [-1，-0.5，0，0.5，1]，分别对应图中从左到右的五条有效前沿面线。可以看出，当相关系数 ρ=±1 时，有效前沿面是直线或者折线；随着 ρ 从-1 向 1 移动，有效前沿面的弧度越来越大，最后变成一根直线。当 ρ=-1 时，有效前沿面与纵轴有一个交点，这个交点的风险为 0，也就是说这种组合是完全没有风险的。当 ρ=1 时，组合的风险和收益只与资产本身的风险和收益有关，

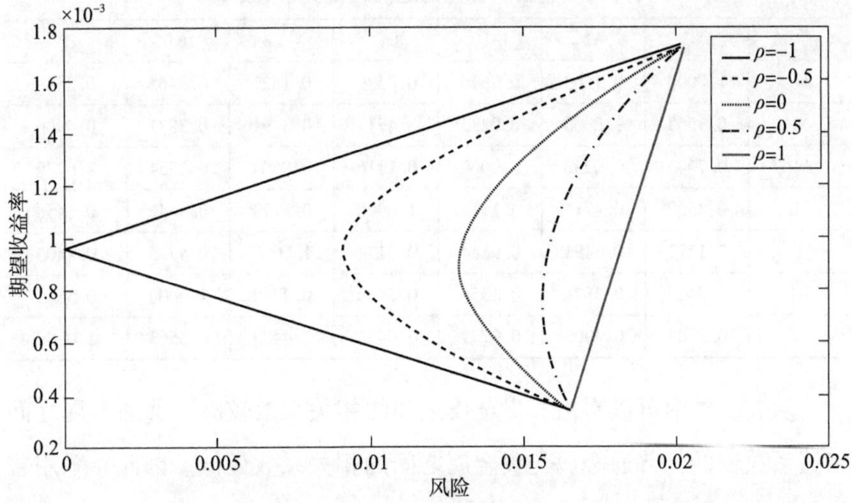

图 9-3 不同相关系数下投资组合波动率和收益率变化

并不能被分散掉。

总之，风险资产之间相关程度越低，投资组合降低风险的效果就越好；完全相关的产品无法通过构造投资组合的方式降低风险。需要强调一点：现代资产组合理论的核心假设是价格是无法预测的，所以才将相关性为负的资产组成组合希望它们的亏损与盈利有一定的对冲作用，并使得投资曲线变得更加平滑。

通过公式 9-4 和图 9-3 可知，只有对相关系数小于 1 的多种风险资产进行投资才能分散风险，降低投资组合的波动率，因此，在进行投资组合构造之前，我们需要对不同风险资产（合约）之间的相关系数进行估计，常用的相关系数是皮尔逊（Pearson）相关系数：

$$\rho(X,Y)=\frac{Cov(X,Y)}{\sqrt{VarVar(Y)}}$$

其中，X，Y 是收益率序列。在 matlab 中可以利用 corr 或者 corrcoef 函数来计算多种资产的相关系数矩阵，表 9.1 给出了利用某一时间段行情数据计算出的普通金属和贵金属期货合约日收益率的相关系数矩阵：

表 9.1　金属期货合约之间的相关系数矩阵

	AG	AL	AU	CU	I	NI	ZN
AG	1.0000	0.1563	0.7640	0.3529	0.1822	0.3465	0.2383
AL	0.1563	1.0000	0.0233	0.4711	0.3491	0.3871	0.4906
AU	0.7640	0.0233	1.0000	0.1316	0.0664	0.1354	0.0779
CU	0.3529	0.4711	0.1316	1.0000	0.5174	0.6446	0.6456
I	0.1822	0.3491	0.0664	0.5174	1.0000	0.4735	0.4403
NI	0.3465	0.3871	0.1354	0.6446	0.4735	1.0000	0.5563
ZN	0.2383	0.4906	0.0779	0.6456	0.4403	0.5563	1.0000

从表 9.1 中可以看出，贵金属之间的相关系数较高，普通金属之间相关系数较低，普通金属与贵金属之间的相关系数最低。因此，采用普通金属和贵金属进行投资组合的效果会更好。

关于相关性的一个重要问题是利用历史数据对于相关系数的估计结果不是稳态的（stationary）[①]。经济环境的变化以及各经济要素之间关系的变化会使得资产之间的相关系数不断发生改变，所以假定相关系数始终相同是个致命的错误。

在实践的过程中，如果我们需要根据相关系数进行资金分配的话，那就需要不断地对其进行调整，否则投资效果与预期之间会出现相当大的差异，但这并不能否定投资组合对降低投资风险的作用。

第二节　构造投资组合的实践经验

构造投资组合的方法很多，有静态的平均加权法和市值加权法，也有动态的权益曲线法、移动窗口法等。平均加权和市值加权方法虽然简单，但是在长期看却非常有效，而动态投资组合构建方法则基于各种不同的出发点：

① 所谓稳态是指相关系数在不同时间能够保持不变。